A Molécula Mágica

A Molécula Mágica

A luta de cientistas brasileiros
por um medicamento contra o câncer

Carlos Henrique Fioravanti

Projeto gráfico
Hélio de Almeida

Manole

Copyright © 2016 by Carlos Henrique Fioravanti
Este livro foi publicado pela Editora Manole.

EDITOR GESTOR: Walter Luiz Coutinho
EDITORA: Karin Gutz Inglez
PRODUÇÃO EDITORIAL: Andressa Lira, Cristiana Gonzaga, Juliana Morais
PROJETO GRÁFICO E CAPA: Hélio de Almeida, sobre imagem de cristais de P-Mapa ampliados 300 vezes (microscopia eletrônica de varredura). *Copyright* © Farmabrasilis. Uso autorizado.
EDITORAÇÃO ELETRÔNICA: Claudia Barros

DADOS INTERNACIONAIS DE CATALOGAÇÃO NA PUBLICAÇÃO (CIP)
(CÂMARA BRASILEIRA DO LIVRO, SP, BRASIL)

Fioravanti, Carlos Henrique
A molécula mágica: a luta de cientistas brasileiros por um medicamento contra o câncer/Carlos Henrique Fioravanti. – Barueri, SP: Editora Manole, 2016.

ISBN 978-85-7868-243-9

1. Câncer – Obras de divulgação 2. Jornalismo científico
3. Jornalismo científico – Brasil I. Título.

15-09817   CDD-070.4495

ÍNDICES PARA CATÁLOGO SISTEMÁTICO:
1. Jornalismo científico 070.4495

Todos os direitos reservados.
Nenhuma parte deste livro poderá ser reproduzida, por qualquer processo, sem a permissão expressa dos editores.
É proibida a reprodução por xerox.

A Editora Manole é filiada à ABDR – Associação Brasileira de Direitos Reprográficos.

1ª edição – 2016

EDITORA MANOLE LTDA.
Avenida Ceci, 672 – Tamboré
06460-120 – Barueri – SP – Brasil
Tel.: (11) 4196-6000 – Fax: (11) 4196-6021
www.manole.com.br | info@manole.com.br

Impresso no Brasil | *Printed in Brazil*

Este livro contempla as regras do Acordo Ortográfico da Língua Portuguesa de 1990, que entrou em vigor no Brasil em 2009.
São de responsabilidade do autor as informações contidas nesta obra.

Para Regina, Lívia e César

Sumário

Prefácio, 9
Apresentação, 11

Parte 1. Entre cafezais

>Momentos de glória entre batalhas contínuas, 15
>O início de uma longa amizade com os fungos, 25

Parte 2. O médico

>Um estudante criativo em Curitiba, 37
>A teoria iônica da origem do câncer, 41
>O aprendiz rebelde, 49
>Muitas novidades em Birigui, 53

Parte 3. O cientista faz-tudo

>E o fungo reaparece, 59
>"Três anos, errando todo dia", 63
>Muitas gaiolas com camundongos em casa, 69
>Na Santa Casa, 75
>Fazendo sabão, 79
>Esperança e outros cães, 85
>De volta à universidade, 89

Parte 4. Talentos reunidos

>Uma conversa na escada, 93
>Na selva com Bourdieu, 99

Os três monges, 105
Um notável antiviral, 111

Parte 5. Aos pés de um vírus

As faces do medo, 119
Provas difíceis, 127

Parte 6. Ascensão e queda

Três dias e três noites em Campinas, 137
A prova dos macacos-prego, 143
A fama e suas consequências, 149
Um Pasteur em Birigui, 155
A guerra, 165
Em silêncio, 171
As filhas, 175

Parte 7. Renascimento

A arte de juntar cacos, 183
Welcome, P-Mapa, 191
Os labirintos da tuberculose, 199
Oito coelhas em uma escola de crianças, 205
O que fazer com tanta ciência?, 213

Agradecimentos, 221
Notas, 227
Bibliografia, 247

Prefácio

Prof. Esper Abrão Cavalheiro
Universidade Federal de São Paulo (Unifesp)

A necessidade de mediação entre o progresso científico e o grande público valorizou uma categoria profissional, a do jornalista científico, que pudesse – de maneira adequada – transmitir a importância das novas descobertas para a vida de qualquer cidadão.

A divulgação e a popularização da ciência se tornaram quase que uma obrigação jornalística, principalmente após a Segunda Guerra Mundial, já que ficou patente que o produto da atividade científica poderia tanto auxiliar no progresso como na extinção daqueles que, em grande parte, financiavam sua execução por meio do pagamento de impostos. Assim, foi na segunda metade do século XX, por intermédio de artigos, comentários ou resenhas, que a pesquisa científica passou a ser presença quase obrigatória em jornais e revistas de ampla circulação. Se é verdade que o começo dessa relação não foi nada fácil, pois muitos acreditavam que o tema científico era tratado de modo superficial ou sua finalidade era distorcida pelo articulista, a progressiva formação dos jornalistas científicos fez com que esse trabalho se tornasse bastante profissional, a ponto de seus realizadores, em muitas circunstâncias, serem considerados parceiros da atividade científica.

A história do jornalismo científico mostra que muitos desses profissionais foram além do papel de mediador, desenvolvendo verdadeira atividade investigativa na busca de informações mais precisas ou mais midiáticas que pudessem interessar seus leitores. Outros, como Carlos Fioravanti, foram além e decidiram participar e acompanhar em pessoa a aventura do fazer científico. Quando, nos anos 1990, dei uma entrevista sobre meu trabalho científico para ele, não poderia imaginar que, alguns anos depois, eu o encontraria com uma tese de doutorado na mão, já às vésperas da defesa na Universidade Estadual de Campinas (Unicamp). Sua pesquisa – que fundamentou o doutorado e compõe o objeto central deste livro, contado de maneira romanceada, mas sempre fiel à verdade dos fatos – versa sobre a aventura de um médico brasileiro, Dr. Odilon da Silva Nunes, que dedicou grande parte de sua vida a desenvolver um possível tratamento para o câncer a partir de um fungo cujos efeitos havia testado em animais de laboratório. Sem formação em pesquisa acadêmica, o Dr. Odilon, além de ter uma grande curiosidade, era um autodidata em seu modo de conduzir o trabalho científico. Como podemos imaginar, o caminho percorrido por ele foi muito mais difícil do que para a maioria daqueles que estão protegidos pelo emblema da academia, pois sem o título formal de doutor em ciências ele não poderia concorrer ao financiamento necessário para o desenvolvimento de seu projeto.

Esta história fascinante de um "aventureiro da ciência" é o que nos conta, com verdadeira paixão investigativa e no melhor estilo de pesquisa científica, Carlos Fioravanti. *A Molécula Mágica* estimula a atenção e o interesse do leitor, pois sua forma literária nos faz querer conhecer os próximos passos, as próximas conquistas dos pesquisadores envolvidos e o desânimo que acompanha a burocracia e os entraves legislativos do nosso país, cujo hábito é o de temer aquilo que é desconhecido e inédito.

É, portanto, com muita satisfação que recomendo a leitura deste livro, que narra os encantos e as adversidades da aventura científica que marcaram a vida do Dr. Odilon Nunes e de vários outros, cientistas ou não, que acreditaram e participaram, diretamente ou indiretamente, de seu sonho. Carlos Fioravanti soube transmitir a paixão, a dedicação e a arte que acompanhou a vida e o trabalho desse brasileiro tão especial.

São Paulo, outubro de 2015

Apresentação

Este livro é um relato jornalístico sobre a longa história de um medicamento e as pessoas que o construíram. Durante décadas, sozinhos ou com seus amigos, familiares ou outros cientistas, dois homens muito persistentes – o médico Odilon da Silva Nunes e seu filho, o advogado Iseu da Silva Nunes – lutaram para fazer algo extremamente difícil no Brasil: um medicamento original contra o câncer. As circunstâncias iniciais eram inquietantes. Odilon Nunes não pertencia a nenhuma universidade e vivia distante dos centros formais de pesquisa científica, em uma cidade do noroeste paulista chamada Birigui. Autofinanciado, com base em sua própria hipótese sobre a origem das células tumorais, ele construiu um laboratório em uma edícula na sua casa e, durante 25 anos, preparou milhares de substâncias por meio da fermentação de fungos e as testou em camundongos com linhagens específicas de tumores até encontrar a que apresentava o efeito desejado. Sua formulação saiu melhor do que o esperado, ao se mostrar capaz de restaurar as defesas do organismo, habilitando-o a novamente agir contra tumores, vírus, bactérias e protozoários – um espectro de ação mais amplo que o da penicilina, o medicamento mais utilizado no mundo.

A partir de 1985, vendo que o pai não conseguia avançar sozinho, Iseu Nunes formou um grupo de pesquisadores acadêmicos que confirmaram as propriedades da substância chamada SB-73, cujo impacto potencial foi comparado ao da penicilina em um *Globo Repórter* de 1991, quando era usada para tratar pessoas com HIV/Aids. Depois o grupo se desfez e, novamente sob a coordenação de Iseu Nunes, reorganizou-se, atraindo outros cientistas interessados em conhecer melhor as propriedades da substância, agora chamada de P-Mapa, contra câncer e doenças infecciosas. Em 2006 o P-Mapa foi aceito para testes em centros de pesquisa dos Estados Unidos e em 2013 recebeu o prêmio Inovação Oncológica, promovido pelo Instituto do Câncer do Estado de São Paulo (Icesp), um dos principais centros de pesquisa e atendimento nessa área no Brasil. As pesquisas continuam, tendo em vista a realização dos testes finais em seres humanos que, se bem-sucedidos, poderão levar à aprovação do medicamento pelos órgãos regulatórios do governo e à liberação do uso amplo.

Acompanho essa pesquisa há 24 anos. Minha primeira reportagem sobre essa molécula, então chamada SB-73, foi publicada em 1991 na revista *Globo Ciência* sob o pseudônimo de Euclydes Ribeiro. Em 1992, para outra reportagem, conheci Iseu Nunes em São Paulo. Ele contou do trabalho feito até aquele momento e pediu: "Por favor, prove que estamos errados, assim você vai nos libertar!" Não provei, mas pelo menos nenhum outro cientista me fez um pedido desse tipo. Logo depois conheci Odilon da Silva Nunes em Birigui e confirmei que havia algo de muito diferente naquela pesquisa e naquele grupo de pessoas. Intrigado, voltei em 1993 para uma entrevista de dois dias, que fundamentou este livro.

A entrevista – de 184 páginas, depois de transcrita – constitui um dos poucos registros da vida e da obra de Odilon da Silva Nunes, que morreu em 2001. Aproveitei um pouco das informações em dois trabalhos acadêmicos, um de 2007 e outro de 2010, sobre a trajetória do P-Mapa. Depois complementei a entrevista inicial com os relatos de 75 pessoas que conheceram o trabalho dos Silva Nunes e conheci os espaços em que os pesquisadores trabalharam ou viveram – em Birigui, Curitiba, Araçatuba, Campinas e São Paulo – para reconstruir uma trajetória marcada pela solidão, amizade e generosidade, em meio a incessantes dificuldades e conflitos.

A narrativa expõe a capacidade de organização, a resistência e a engenhosidade de um grupo de cientistas e seus colaboradores ao longo da história do provavelmente mais poderoso medicamento já produzido no Brasil, que avança para a fase final de testes antes de poder ser usado por quem precisar. Sua história indica que, para uma molécula ser aprovada como medicamento, de acordo com as regras atuais de desenvolvimento de fármacos, a articulação – por vezes incompleta, como no Brasil – entre centros de pesquisa, empresas farmacêuticas e órgãos do governo é tão importante quanto a capacidade de deter tumores ou microrganismos.

Carlos Henrique Fioravanti
São Paulo, setembro de 2015

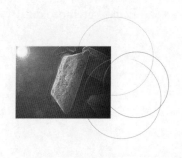

Parte 1

Entre cafezais

- Momentos de glória entre batalhas contínuas

Normalmente comedida, Letícia Montanholi Apolinário ligou extasiada para Iseu da Silva Nunes: "Abrimos os ratos, Iseu, e não tinha nada!" Como não acompanhava o experimento de perto, ele não entendeu: "Que ratos?" Ela o lembrou, enfaticamente: "Os ratos induzidos, Iseu!" Em segundos a situação se esclareceu. O efeito do medicamento experimental P-Mapa em câncer de próstata induzido em modelos animais tinha sido tão impressionante que deixou Letícia e seu orientador de doutorado, Wagner José Fávaro, nas nuvens. Nos quatro anos anteriores Wagner já havia se admirado com o efeito dessa substância em câncer de bexiga induzido em ratas: tinha sido uma ação melhor que a do bacilo de Calmette-Guérin (BCG), medicamento normalmente usado nessas situações.

Para examinar os possíveis efeitos do P-Mapa em câncer de próstata, o mais comum em homens, Wagner e Letícia haviam induzido a produção de tumores na próstata de 15 ratos por meio de substâncias químicas e estimulado seu crescimento com altas doses do hormônio testosterona. Esperaram seis meses, enquanto os tumores cresciam. Os 15 animais foram divididos em três grupos: cinco não receberam nenhuma medicação, cinco receberam um bloqueador de hormônio e outros cinco, P-Mapa. Na tarde de 17 de abril de 2013, levemente encurvado sobre a mesa de um laboratório do primeiro andar do Instituto de Biologia da Universidade Estadual de Campinas (Unicamp), o bisturi na mão direita, Wagner começou a abrir os animais para ver o que tinha acontecido. Nos cinco ratos que não receberam nada, a próstata estava imensa como uma bexiga, vermelha e disforme, visivelmente tomada pelas células tumorais. Nos cinco animais que receberam o bloqueador hormonal, os tumores tinham crescido, embora menos que no primeiro grupo.

Wagner – Letícia ao lado vigiando – espantou-se ao abrir o primeiro animal tratado com P-Mapa: tudo estava normal, sem sinal de câncer. Depois o segundo, o terceiro, o quarto, o quinto, todos com a próstata com tamanho, cor e formato normais. Não havia qualquer indício de que as células tumorais tivessem se multiplicado, mesmo após terem recebido uma carga alta de hormônio, que deveria favorecer seu crescimento. Eles sabiam o significado daquele resultado: aparentemente o P-Mapa havia detido o crescimento dos tumores e revertido a ação dos hormônios, como Patrick Vianna Garcia já havia verificado, em um estudo realizado no mesmo laboratório. Os resultados levantavam a possibilidade de que o fármaco pudesse ser usado também em outros tipos de câncer dependentes de hormônios, como o de mama, o mais comum em mulheres, e o de ovário.

Iseu Nunes, após anos de avanços lentos, via com satisfação a animação do grupo. "Entusiasmo fica na frente de qualquer coisa", disse ele dias depois. "Pensei que o P-Mapa não iria funcionar", Letícia reconheceu na manhã de 1º de maio, enquanto acompanhava Wagner e os colegas de sua equipe a abrir outros ratos cujo câncer de próstata havia sido tratado com medicamentos comerciais, aprovados para uso em seres humanos, nenhum deles com um efeito tão contundente quanto o do P-Mapa, que causou uma regressão tumoral de 100%, como ela tinha visto duas semanas antes.

Wagner Fávaro trabalhava com Iseu Nunes desde 2009 na construção de argumentos científicos que permitissem ao P-Mapa chegar às pessoas que precisassem dele. "Sim, é uma molécula poderosa, mas tem de pôr em uso", repetia Iseu. Em 2015 o P-Mapa já tinha apresentado efeitos impressionantes contra tumores, vírus, bactérias e protozoários em estudos feitos em laboratório com modelos animais, e contra câncer, herpes e Aids em testes preliminares com seres humanos, praticamente sem efeitos colaterais indesejados, algo muito raro entre os medicamentos. Contava com a credibilidade conferida por artigos científicos e pelo trabalho contínuo de equipes acadêmicas e era conhecido por médicos, cientistas e empresários, mas ainda não havia passado por todas as avaliações formais em seres humanos, que, se bem-sucedidas, permitiriam sua aprovação para uso em ampla escala. Por essa razão, o trabalho seguia em silêncio, sem alarde, raramente emergindo por meio de notícias em jornais, revistas ou programas de televisão. Qualquer divulgação para um público mais amplo atraía centenas de pessoas com histórias dramáticas implorando pela medicação, que não podia ser liberada porque ainda não tinha sido aprovada.

* * *

Quatro meses depois, no final da manhã de 5 de agosto de 2013, representando a equipe, Wagner Fávaro, em um terno grafite claro, subiu ao pódio do auditório do sexto andar do Instituto do Câncer do Estado de São Paulo (Icesp), um dos principais centros de pesquisas e atendimento médico em oncologia no país, para receber um prêmio promovido pelo instituto, em reconhecimento a um trabalho publicado no ano anterior descrevendo a ação do P-Mapa contra câncer de bexiga e tuberculose em animais de laboratório.

"Aproveito este momento para fazer uma homenagem póstuma ao médico Odilon da Silva Nunes, responsável pelas pesquisas que deram origem a este novo medicamento, o qual esperamos que em breve esteja disponível para uso amplo", disse Wagner em seu breve discurso. O P-Mapa conquistava o reconhecimento público de médicos e pesquisadores acadêmicos depois de décadas de desdém e preconceito; eu mesmo vi uma jornalista anunciar: "Eu não acredito nessa pesquisa, ela tem muitos *gaps*", e uma historiadora da ciência declarar: "Esse tal Dr. Odilon é um médico à antiga, que achava que podia tudo! E esse Iseu, que nem médico é!".

Naquele momento, sentado na primeira fila do auditório, Iseu da Silva Nunes era um dos premiados de uma competição que reconhecia trabalhos médicos relevantes, mesmo com *gaps*. Ele não era médico, mas tinha ajudado a estruturar e a escrever parte do artigo científico que justificou a premiação. Era um trabalho especial para a equipe também porque havia mostrado que o P-Mapa poderia agir contra tumores e doenças infecciosas, dois universos distintos, por meio de um mecanismo único – a ativação de receptores celulares e a restauração da produção de uma proteína conhecida como p53.[1] Após a cerimônia de premiação, uma médica do Icesp disse a Iseu que tinha se admirado ao saber que Odilon Nunes começara aquele trabalho a partir de uma hipótese própria sobre a origem do câncer. "Um teimoso", ele disse. "Um visionário", ela observou.

Odilon Nunes tinha começado a planejar este medicamento 65 anos antes dessa conversa, ao formular uma hipótese sobre a origem do câncer quando era estudante de medicina, e começou a lhe dar forma concreta 54 anos antes, ao reencontrar o fungo que deveria produzir a molécula que ele tinha imaginado. A substância que, anos depois, extraiu do caldo de fermentação dos fungos trouxe a ele – e a muitos outros – angústia, alegria, sofrimento, poder, fama e solidão. "O P-Mapa já levou muita gente à beira da loucura", resumiu Iseu. Ele começou a ajudar nessa pesquisa ainda criança, limpando as gaiolas de camundongos com linhagens específicas de tumores em que eram testados os compostos obtidos da fermentação de fungos, e achava perfeitamente possível que o pai pudesse de fato criar um medicamento contra câncer, mesmo que estivessem em Birigui, no noroeste paulista.

Odilon da Silva Nunes foi um dos grandes pesquisadores em câncer no Brasil, talvez o único a fazer o trabalho completo: elaborou uma hipótese sobre a origem do câncer e, norteado pelas próprias ideias, planejou, formulou e testou um medicamento original. Era pouco conhecido porque vivia longe dos centros formais de pesquisa e foi a um único congresso científico – uma das reuniões anuais da Sociedade Brasileira para o Progresso da Ciência (SBPC) –, quando cursava medicina em Curitiba. Como não queria compartilhar seus resultados e não encontrava colaboradores, ele trabalhou praticamente sozinho em seu laboratório particular durante 25 anos. Seu trabalho saiu das sombras em 1979, ao ser apresentado em uma reportagem publicada no *Diário de Birigui* com um título destemido: "Médico biriguiense descobre antibiótico contra câncer".[2] Seus primeiros artigos em revistas especializadas – a forma consagrada de apresentação de descobertas científicas – saíram em 1991, quando ele tinha 69 anos.

O médico biriguiense fez muito, com o apoio e a torcida de familiares e amigos, que admiravam seu trabalho, mas a contragosto teve de reconhecer que não conseguia resolver todos os problemas. Quando não pôde mais avançar, aceitou a ajuda de seu filho Iseu, que se pôs à frente da pesquisa e a ampliou. Pai e filho eram igualmente firmes em seus objetivos e engenhosos para encontrar saídas criativas para problemas difíceis. Eram também forças opostas, e por essa razão se complementavam, se admiravam e se enfrentavam com ardor. Odilon era altivo como um conde, recluso como um monge, calado e desconfiado como um sertanejo e contestador como um adolescente. Iseu, flexível e tolerante com as limitações alheias, movia-se de modo cordial entre todo tipo de pessoas, reconhecia sem drama quando estava errado, era um líder agregador, falava em público com a tranquilidade de um professor experiente e reagia com elegância a quem o atacasse publicamente; seu humor fino era um privilégio dos amigos mais próximos.

Iseu percebeu, ainda menino, nas pescarias com o pai aos domingos, as diferenças no modo de lidar com o mundo. O pai queria se impor e dominar o ambiente, enquanto ele preferia entender o espaço e esperar. Várias vezes em que ele se esticava no barco a motor para aguardar os peixes aparecerem, com as varas já armadas, o pai ligava o barco sem avisar e saía, alegando que ali não havia peixe. No sábado, ao preparar o lanche para a pescaria, ele perguntava se o pai também queria um sanduíche, mas o homem não gostava de ser interrompido quando reunia o material de pesca e dizia que para ele bastava uma banana. No dia seguinte, depois de se acomodarem no barco embaixo das árvores à margem do rio, a fome batia, a banana não matava a fome, e o jeito era pedir um sanduíche para o filho, que gostava de ler enquanto esperava os peixes morderem a isca. "Veio aqui para ler ou para pescar? Dá um sanduíche", ele pedia. O menino reagia com indiferença, já exercendo o direito de discordar e de cobrar coerência do pai: "Não dou. Disse que não queria. Não trouxe a mais". Odilon se indignava, ligava o motor e arrancava com o barco.

Quando assumiu a pesquisa do pai, Iseu reuniu pesquisadores e médicos de universidades e centros de pesquisas do Brasil que verificaram que a substância que parecia condenada ao esquecimento era de fato eficaz contra tumores e vírus. Após a morte do pai, ele organizou a pesquisa pela segunda vez, abrindo-a para o mundo por meio da internet, e trabalhou por conta própria durante mais de dez anos para atrair o interesse de cientistas no Brasil e nos Estados Unidos, cumprir todas as exigências de desenvolvimento de fármacos e concluir a pesquisa iniciada na escaldante Birigui.

Implacável com lugares, pessoas e consigo próprio, Odilon Nunes qualificou deste modo a cidade em que nasceu, no dia 5 de maio de 1922: "Era uma aldeia". Não era tão ruim, ele poderia acrescentar, porque era ali que se sentia confortável e seguro: ali ele reinava. "Não saio de Birigui. Prefiro ser o primeiro na aldeia do que o segundo em Roma", disse alguns anos antes de morrer. Sua "terra sagrada", como uma vez chamou sua cidade, permitia-lhe agir seguindo suas próprias regras. Centralizador e voluntarioso como Pasteur, não queria compartilhar o poder de decisão sobre o medicamento a que deu forma em seu laboratório particular – três cômodos no fundo de sua casa, em Birigui. O desejo de autonomia e a impaciência com as regras acadêmicas o fizeram, durante décadas, agir e pensar por muitos, motivando-o a aprender química, biologia experimental e técnicas de fermentação para planejar, executar e interpretar os experimentos com fungos, por meio dos quais obtinha as substâncias cujo efeito avaliava inicialmente em camundongos com linhagens específicas de tumores.

Profundamente intuitivo, dotado de uma rara visão global sobre a origem e a evolução das células tumorais, o médico cientista aos poucos elaborou o provavelmente mais poderoso medicamento já produzido no Brasil. Chamada inicialmente de SB-73 – a primeira parte do nome são as iniciais de *Streptomyces brasiliensis*, a suposta espécie de fungo que o produzia, e a segunda vem de 1973, ano em que o cristal da molécula foi isolado – e depois de P-Mapa, abreviação de seu nome químico, essa substância mostrou-se capaz de restaurar as defesas do organismo, habilitando-o a deter vários tipos de tumores, vírus, bactérias e protozoários. É um espectro de ação mais amplo que o da penicilina, o medicamento mais usado no mundo. O SB-73 foi comparado à penicilina em um *Globo Repórter* de 1991, quando era usado para tratar pessoas com HIV/Aids, e seguiu uma trajetória peculiar. Por meio de uma autorização judicial, o médico que o criou pôde usá-lo, como direito exclusivo, para tratar centenas de pessoas com câncer, mesmo que os testes de segurança e eficácia não tivessem sido concluídos. O P-Mapa avançou de modo mais tranquilo, chegou a Washington e atraiu a atenção e o respeito de médicos, pesquisadores acadêmicos e cientistas à medida que exibia sua capacidade de deter vários tipos de câncer e doenças infecciosas.

A explicação sobre o mecanismo de ação dessa molécula permaneceu incerta ou incompleta durante décadas. Somente em 2009 é que testes feitos nos Estados Unidos indicaram que o P-Mapa era capaz de ativar receptores celulares específicos e desse modo ativar as defesas do organismo contra tumores e microrganismos causadores de doenças. Quatro anos depois, uma análise da variação dos níveis de 19 proteínas detalhou seu modo de ação. Finalmente se tinha uma visão ampla dos modos pelos quais a substância poderia atuar contra o câncer: dificultando a formação e a manutenção de vasos sanguíneos que nutrem os tumores, induzindo a morte das células tumorais, desbloqueando os processos de defesa do organismo que as células tumorais haviam bloqueado, restaurando a produção de uma proteína de supressão de tumores, a p53, e promovendo a produção de células de defesa aptas a deter o tumor. Aparentemente, o P-Mapa era capaz de intervir em pelo menos quatro dos seis mecanismos ou alterações comuns à maioria das formas conhecidas de câncer humano.[3]

O modo de ação tentacular elucidava a eficácia do P-Mapa também contra doenças infecciosas, causadas por vírus, bactérias ou protozoários. Em um experimento realizado nos Estados Unidos, a substância se mostrou capaz de deter tuberculose induzida em camundongos, indicando que poderia ser adotada como complemento aos antibióticos, o tratamento habitual, nem sempre inteiramente eficaz contra essa doença. O P-Mapa conteve o avanço de leishmaniose em cães, vetores dos protozoários causadores da doença para os seres humanos, após ter se mostrado eficaz em camundongos contra a bactéria *Listeria monocytogenes*, fatal principalmente para mulheres grávidas.

Por ser médico e trabalhar em hospitais, Odilon da Silva Nunes tinha senso de urgência, como Robert Kock ao enfrentar a tuberculose em Berlim e Louis Pasteur, a raiva em Paris no final do século XIX ou Oswaldo Cruz, a febre amarela no Rio de Janeiro do início do século XX. E o senso de urgência o fazia agir com determinação e prudência para resolver problemas que necessitavam de intervenção imediata. Se era médico e tinha à mão uma formulação com propriedades únicas, achava que deveria usá-la. Foi assim que ele e um grupo de veterinários utilizaram o SB-73 para deter uma epidemia de parvovirose em cães em Birigui na década de 1980. Trataram cerca de 250 cães, que venceram a virose. Os que não eram ou não podiam mais ser tratados, em vista da gravidade da doença, perdiam muito sangue e morriam rapidamente. "Já pensou se isso dá em gente?", Odilon perguntou ao ver os cães. Iseu recordou-se do episódio 30 anos depois, ao ler as notícias sobre o surto de ebola na África, causado por um vírus que, como o da parvovirose, causava vômitos, intensas diarreias sanguinolentas e alta taxa de mortalidade.

Para ser adotada pelos usuários, porém, não basta ser uma substância fantástica. Para serem liberados para produção e uso, os medicamentos têm de ser aprovados por órgãos reguladores do governo, com base em estudos pré-clínicos (em modelos experimentais animais) e clínicos (em seres humanos), realizados por centros de pesquisa e empresas que assegurem sua segurança de uso e eficácia. Em 2015 os testes pré-clínicos do P-Mapa já tinham sido feitos, indicando sua toxicidade bastante reduzida e sua ação contra alguns tipos de câncer e doenças infecciosas. Faltavam os testes clínicos finais, que necessitavam de autorizações de instituições públicas e da colaboração com empresas, em vista de seu alto custo. Diante do desinteresse das empresas farmacêuticas nacionais, pouco habituadas a lidar com medicamentos inovadores, e da lentidão das instâncias ligadas à pesquisa de novos medicamentos no Brasil, Iseu Nunes preparava-se para enviar o pedido de testes do P-Mapa para órgãos do governo dos Estados Unidos, mais ágeis que os dos Brasil. Depois, se a solicitação fosse aprovada e os testes fossem feitos e concluídos com resultados positivos, ele poderia apresentar a documentação e solicitar o registro oficial do medicamento para as agências do governo brasileiro – e então a substância estaria acessível para uso pelos interessados. As batalhas, iniciadas décadas antes em Birigui, ainda não haviam terminado.

▪ O início de uma longa amizade com os fungos

Como outras cidades do interior paulista, Birigui se formou e cresceu na esteira da ferrovia e das plantações de café que avançavam sobre as matas do interior paulista. Por ter começado tardiamente, em 1911, quando algumas regiões ligadas ao café já entravam em decadência, a então chamada Birigüy se ergueu desde o início sem barões do café nem escravos, comuns em outras terras. O povoado fermentou por meio do trabalho de imigrantes portugueses, espanhóis, japoneses, árabes, russos e armênios, que trabalhavam no comércio ou compravam pequenos lotes de uma empresa de colonização dirigida por um inglês e um escocês. A aldeia de que Odilon falava era moderna e cosmopolita.[4]

Os relatos sobre a história da cidade destacam Nicolau da Silva Nunes, tio de Odilon. Nicolau era o líder do grupo de imigrantes que formou o primeiro núcleo de ocupação da cidade e, por essa razão, considerado o fundador de Birigui.[5] Ao conhecer a região, ele comprou 400 alqueires, o equivalente a quase 10 quilômetros quadrados de floresta fechada, então ocupada pelos índios Coroados, que atacavam com frequência, matando os colonizadores e trabalhadores da ferrovia. Os índios não deixavam que os forasteiros permanecessem nas terras férteis próximas a um ponto de parada das locomotivas, ou chave, conhecido como Birigui-Chave, que ganhou esse nome por causa de um mosquito abundante por ali chamado birigui. Nicolau Nunes, porém, gostou das terras, apesar dos índios, que aos poucos desapareceram.

Nicolau e seu irmão Accacio, pai de Odilon, nasceram e viveram com os pais, Antonio da Silva Nunes e Ana Mathias Correa da Silva Nunes, e os outros irmãos na aldeia de Silvares, província de Trás-os-Montes, norte de Portugal. Em 1892, aos 12 anos, Nicolau embarcou em um navio inglês e se mudou para o Brasil a chamado de um tio, comerciante no Rio de Janeiro, capital do país. Accacio saiu de Portugal aos 10 anos, um ano depois de Nicolau, e viveu no Rio, provavelmente com o irmão. Em Sales de Oliveira, no interior paulista, para onde se mudaram, foram sócios em um armazém que abastecia as fazendas de café. Os dois irmãos tinham temperamentos opostos: Accacio era calado, retraído, pouco disposto a correr riscos e talvez impaciente para convencer os outros, enquanto Nicolau era inquieto, empreendedor e aventureiro.

"Meu tio Nicolau era político, danado. Aquele tipo de majestade. Era o embaixador", avaliou Odilon. Seu tom de voz deixava escapar um desdém pelas habilidades políticas do tio, que lhe fizeram falta ao longo das batalhas pelo reconhecimento do medicamento que havia criado. Odilon não foi nada diplomático quando se encontrou com o então ministro da saúde, Waldir Arcoverde, e seus assessores no Rio de Janeiro no final da década de 1970. O ministro, em dúvida sobre o que o médico tinha feito, comentou: "Acho que são as impurezas de seu composto que estão fazendo esses efeitos". Odilon rebateu de imediato: "Então vamos produzir impurezas, senhor ministro!" "Ele ganhou a batalha, mas perdeu a guerra", concluiu Iseu, que em 2011 se lembrou desse episódio e de uma de suas lições ao resolver uma situação difícil com pesquisadores dos Estados Unidos: "Ninguém gosta de ser ridicularizado em público". Meses depois de terem concluído o trabalho, os cientistas americanos não tinham ainda enviado os resultados dos testes, que indicavam uma ação intensa do P-Mapa contra uma linhagem bastante agressiva de bactérias causadoras de tuberculose. Medindo as palavras para não ser indelicado, mas sem perder a firmeza, Iseu os cobrou até conseguir as informações que desejava, quase dois anos depois do prazo previsto.

* * *

Oito anos mais nova e muito mais condescendente que Odilon, Hortência Gonzales da Silva Nunes lembrou-se da Birigui da época em que Odilon nasceu como um lugar pequeno e cheio de vida. Um calçadão de areia branca cortava a cidade e o rio Biriguizinho desaguava em outro, o Baixote, ambos com peixes graúdos. A luz elétrica já tinha chegado, mas as casas ainda eram iluminadas com lamparinas e lampiões. "Eram todos parentes, uma família só", sintetizou Hortência em 2011, aos 81 anos, pele clara, cabelos curtos inteiramente brancos. Ela era prima e ao mesmo tempo cunhada de Odilon, por ter se casado com seu irmão Riolando da Silva Nunes. Décima primeira entre os 14 filhos de Antonio Gonzales e Lúcia Furlan Gonzales, Hortência era também prima de Ápio Fogolin, químico que ajudou Odilon a purificar os compostos extraídos dos fungos durante dez anos. Ennio Peres da Silva, neto de um comerciante espanhol, era primo em segundo grau dos filhos de Odilon. Os laços de parentesco reforçavam a solidariedade, mas também davam espaço para intrigas e intromissões indesejadas. A aversão a fofocas contribuiu para Riolando e Hortência se mudarem para São Paulo logo após a festa de casamento e para Odilon levar sua pesquisa em segredo durante décadas.

O pai de Odilon e de Riolando, Accacio da Silva Nunes, permaneceu na memória de Hortência como um homem "baixinho, gordinho" e na de Odilon como "um senhor alto, forte". Accacio da Silva Nunes Filho, o filho mais novo, lembrava que o pai "tinha 1,80 metro, era grande". Accacio Filho nasceu 15 anos depois de Odilon e quase não conviveu com os irmãos mais velhos, que já tinham saído de casa para estudar em outras cidades. Em 2011, aos 74 anos, morava sozinho em um apartamento em Araçatuba e às vezes saía para um café com os amigos em uma padaria da esquina, que ele próprio tinha projetado e construído.

"Meu pai foi o primeiro negociante de Birigui", orgulhava-se Odilon. "Era sistemático. Quando estava lendo jornal, que chegava a cada 15 dias, e um freguês pedia 'Seu Accacio, aquela bacia...', ele dizia: 'Não é para vender; é de amostra.' Só para não largar o jornal. Ele tinha um sotaque forte de português". Odilon, vendo que o tio Nicolau quase todo ano visitava os parentes em Portugal, um dia perguntou ao pai por que ele também não ia: "'Para que vou rever aquele país miserável', ele dizia. 'Tinha que fazer platô de pedra para plantar a videira. Em Portugal, eu carregava pedra'".

Leocádia Gonzales da Silva Nunes, sua esposa, filha de espanhóis, "era pequena, baixinha, tinha olhos azuis maravilhosos, de um azul profundo, quase turquesa. A pele muito branca, o cabelo sempre amarrado em coque", recordou-se Jazely Gonzales da Silva Nunes, uma de suas netas. "A vó Leocádia era quem comandava, sutilmente; comandou até o marido dela. Sabia o que falava, e falava pouco. Tinha personalidade, era como se tivesse dois metros de altura." Outra neta, Valéria da Silva Nunes, lembrava-se da avó "de cabelo comprido, fazendo a trança em frente à penteadeira, colocando os pentes espanhóis". Um dia Valéria resolveu expressar sua admiração pela avó e lhe escreveu uma carta "agradecendo pela coragem que ela teve": "Ela teve garra, tendo um filho atrás do outro, ali, no meio do mato, no meio do nada, sozinha".

Leocádia teve 16 filhos, cinco morreram. Odilon, um dos mais velhos, nasceu quando ainda moravam na cidade, e lá pelos quatro anos começou a infernizar todo mundo porque queria ir para a escola: "Minha mãe tinha que ler para mim a história de um garoto que ia para a escola com uma sacolinha", ele contou. Ao entrar no primeiro ano da escola, logo viu que os professores tratavam as crianças com rigor – era o tempo da palmatória –, mas não se aquietou. Procurou o diretor, já exercitando seu direito de expor sua opinião diante de autoridades, disse que não queria ficar no primeiro ano – "muito fraco", na sua avaliação –, fez um exame e passou para o segundo.

Em 1932, quando Odilon tinha dez anos, Accacio da Silva Nunes resolveu mudar de vida. Vendeu seu comércio e mudou-se com a família para uma fazenda de 228 alqueires, comprada do irmão Nicolau. Situada no Imbé, final do Baguaçu, atual município de Coroados, a fazenda estava a 25 quilômetros da cidade, recordou-se Odilon; seu irmão Accacio a pôs mais longe: 32 quilômetros. Naquele tempo essa distância implicava um dia inteiro de viagem a cavalo para ir à cidade e outro para voltar. De jardineira, já nos tempos de Accacio Filho, a viagem até a cidade demorava no mínimo quatro horas, se não atolasse pelo caminho.

"A casa era enorme", lembrou-se Accacio, revendo-a mentalmente. "Quatro quartos, salas de jantar e de espera, varanda enorme, a dispensa ao lado. Aqui a sala onde meu pai ouvia rádio. Os rádios eram de acumuladores, as baterias da época, imensas. Toda noite ele ouvia o *Repórter Esso*. Jantava e ia ouvir rádio, depois ia dormir. Para baixo, três casas menores, de mantimento. Aqui o poço. Na frente era a pastagem. Um pomar de dois alqueires aqui, de um lado, uma estrada de outro, aqui para baixo também. Birigui à direita, Braúna à esquerda."

Os bons tempos do café tinham passado. Com os preços em baixa, por causa do excesso de produção e queda nas exportações, Accacio, como a maioria dos plantadores de café, teve de hipotecar a fazenda como garantia de pagamento das dívidas com os bancos. A contragosto, trouxe de volta os filhos que estudavam em Botucatu, mas não deixou que parassem de estudar. Jandira, a filha mais velha, já no então chamado ginásio, se pôs a ensinar os irmãos mais novos a ler e a escrever, em casa. "A aula era pesada, lição em cima de lição, e de um rigor terrível: ninguém abria a boca. E tinha o velho Accacio, que queria conferir se a coisa andava", recordou-se Odilon. "Além de trabalhar na fazenda, no serviço de tocar bezerro, descascar milho, cuidar de porcos e buscar coisas no pomar, ainda tinha o estudo. Das 7 às 10 da manhã, depois à noite também. Ela ensinou tudo o que tinha aprendido. 'Eu sei e vocês vão aprender.' Por isso, quando cheguei ao ginásio, já sabia resolver equação de segundo grau."

Na época da colheita do café, de maio a agosto, todos trabalhavam do amanhecer ao anoitecer. No verão, quando tinha de ir para a cidade, Odilon se acomodava na carroceria de uma caminhonete ao lado dos homens da fazenda com enxadas e facões para cortar as árvores que caíam com as chuvas fortes e fechavam as estradas de terra. Em 1937 Accacio já tinha quitado as dívidas e os filhos começaram a sair outra vez para estudar – primeiro, Ulderico, o mais velho, e depois Nair, Nelson, Wilson, Washington, Odilon, Riolando, Hélio, Zilda e Accacio Filho. Jandira foi a única que não chegou à faculdade, nem se casou. Ela continuou por lá, cuidando da casa e dos pais.

* * *

Em 1993, aos 71 anos, alto e magro, gentil e atencioso, sentado em frente à ampla mesa da sala de jantar, Odilon começou a falar sobre sua vida retomando um episódio marcante de sua infância: "Quando eu estava aí com nove anos, meu pai comprou uma enciclopédia chamada *Tesouro da Juventude*; eu li tudo". O garoto curioso deve ter se extasiado ao abrir o primeiro volume e ler a apresentação: "*Tesouro da Juventude* – reunião de conhecimentos essenciais, oferecidos em forma adequada ao proveito e entretenimento das crianças e adolescentes", seguida por uma misteriosa assinatura, W.M. Jackson, Inc., e este comentário: "A curiosidade das crianças é a expressão natural e normal de sua vitalidade. Ela não deve ser apenas satisfeita, mas encorajada e devidamente dirigida, a fim de lhes proporcionar amplo e variado conhecimento". A coleção de 18 volumes tinha um pouco de tudo, em seções intituladas Terra, Nossa vida, Porquês, O velho e o novo mundo, Animais e plantas, O que devemos saber, Contos – homens e mulheres célebres. Os relatos exaltavam as descobertas científicas e os cientistas, mas deixavam espaço para quem quisesse se aventurar, propondo a construção, por exemplo, de um filtro usando carvão em pó, areia e uma camada de sete centímetros de cascalho úmido: deixando a água atravessar o filtro, saía uma "água boa para beber".⁶ A leitura irrigou seu desejo de ser cientista.

E na fazenda ele fez as primeiras experiências. Quando saía para levar almoço aos trabalhadores nos cafezais, como estava com o estilingue e uma sacola com bolinhas de barro, "ia matando um passarinho aqui, outro ali", ele contou. Se apenas feria, sentia dó e fazia uma tala na asa com hastes de bambu para amenizar o estrago. Depois ele começou a tratar animais doentes – gato, cachorro, pássaro, coelho, preá; "porco, não; era grande e eu não iria saber lidar com ele". No início usava extratos de ervas, inspirado nos curandeiros que empregavam plantas para tratar ferimentos dos animais. Ele via os animais sendo tratados e depois os seguia para ver o que acontecia.

Aos poucos ele foi se deixando levar pelos fungos. "Em tudo que era líquido, gordura ou sangue aparecia um fungo e no outro dia tinha lá uma mancha. Por que cresce tão rápido?", perguntava-se. Ele soube ver os fungos de modo amplo e amigável, notando que tinham algo de especial. Causavam doenças e se alimentavam de madeiras podres e de alimentos, vindo daí sua imagem associada à destruição e à morte, mas também poderiam curar ferimentos, como ele verificava, ao usar esporos de fungos, estruturas similares a sementes, para tratar animais. Ele colocava esporos em água com açúcar, deixava-os crescer por aguns dias, tirava parte da água, fazia uma massa, colocava na ferida do animal e enfaixava, vendo de que os fungos precisavam para crescer e como os animais reagiam aos seus compostos: "O que me encucava era o que havia ali para provocar uma cicatrização tão rápida". Em 1937, aos 15 anos, ele começou a guardar fungos em potes de vidro. "Eu usava fungos de todas as cores, mas tinha um que apresentava sempre o melhor resultado, uma cicatrização mais rápida, sem infecções, que é esse daí", ele comentou, referindo-se à variedade que naquela quinta-feira de março de 1993 crescia em um fermentador de fibra de vidro no laboratório de sua casa para produzir uma substância que, nos dois anos anteriores, tinha sido aplicada em 30 pessoas com o propósito de deter a progressão de uma doença nova conhecida como Aids.

Em seu relato, ele sugeriu que encontrou a variedade de fungo que o acompanhou por toda a vida apenas por meio da observação, mas há outras possibilidades. Ele pode ter visto os colonos da fazenda usando bolor para cobrir ferimentos ou cortes. Iseu disse que ele próprio, em 2005, ouviu os moradores da zona rural do Vale do Paraíba contarem que usavam bolor para tratar ferimentos ou frieiras, já que não tinham antibióticos industrializados à mão. Há relatos sobre pesquisadores que trabalharam com fungos na Inglaterra e na França desde o final do século XIX,[7] mas nenhum deles se tornou tão famoso quanto o médico escocês Alexander Fleming. Em 1928, Fleming observou que uma colônia de fungos inibia o crescimento de bactérias em uma placa de Petri em seu laboratório de um hospital em Londres. Ele apresentou seus resultados no ano seguinte em uma revista científica, mas nem ele nem seus assistentes conseguiram purificar a penicilina, e meses depois Fleming desistiu da pesquisa. Seu trabalho, porém, chegou às mãos de outras pessoas que souberam como continuar o que ele havia começado. Mesmo assim, demorou. Foi só em 1938, dez anos depois, que o bioquímico Ernest Chain encontrou o artigo de Fleming em uma biblioteca da Universidade de Oxford e começou o desenvolvimento da penicilina, favorecido por uma incrível coincidência: uma assistente de pesquisa a quem ele expôs seu plano cultivava o fungo de Fleming, a pedido de um professor que o tinha usado anos antes. A penicilina não teria avançado sem os cientistas de Oxford, liderados pelo médico Howard Florey. Diferentemente de Fleming, Florey tinha uma equipe e laboratórios apropriados para fazer o que o grupo de Londres não conseguira. As duas partes, descoberta e desenvolvimento, são igualmente importantes, mas no início foi apenas Fleming quem ganhou notoriedade. Florey e Chain preferiram silenciar e evitar os jornalistas quando a penicilina começou a ser usada para salvar vidas em Londres.

Odilon dizia que tinha começado sua pesquisa "ao mesmo tempo em que Fleming". Na verdade começou alguns anos depois, embora muito mais jovem que Fleming. Entre os dois médicos havia algumas semelhanças. Ambos eram filhos de agricultores e cresceram em fazendas distantes dos principais centros urbanos de seus países. Odilon e Fleming – o primeiro muito mais tempo que o segundo – trabalharam em compostos químicos obtidos de fungos. Nenhum dos dois conseguiu atrair a atenção de outros especialistas para suas descobertas. A limitação de conhecimento e de conexões com outros grupos de pesquisa os fez interromper o trabalho, que prosseguiu por meio de outros pesquisadores.

As semelhanças terminam aí. Fleming trabalhou com uma substância ainda impura que o *Penicillium* produzia naturalmente, enquanto Odilon fez o fungo produzir o que ele desejava. E depois isolou o princípio ativo do composto derivado do fungo, enquanto Fleming trabalhou com o extrato de *Penicillium*.[8] O médico de Londres trabalhou *in vitro* (em células) e o médico de Birigui, *in vivo* (em animais). Um estava no centro econômico do mundo; o outro, no fim do mundo. As estratégias de pesquisa também foram diferentes, com consequências radicalmente distintas. Odilon nada publicou durante décadas e permaneceu isolado de outros cientistas, enquanto Fleming expôs seus resultados em debates com outros médicos e em um artigo científico que foi essencial para motivar outro grupo de pesquisa a continuar seu trabalho. Fleming não conseguiu resolver muitos problemas, como a instabilidade da penicilina, e pouco pôde fazer para avançar nessa pesquisa nos anos seguintes à publicação do artigo. Odilon se mostrou mais imaginativo, ao planejar um medicamento a partir de uma teoria que havia criado, e persistente, ao estudar química e criar métodos de purificação até isolar o princípio ativo do composto e prosseguir com os experimentos em animais. Apegado a segredos, com medo de apresentar resultados preliminares que não se confirmassem, Odilon parecia esquecer o que Fleming sabia bem: nenhum homem, por mais talentoso que seja, consegue fazer tudo sozinho. Principalmente em uma empreitada complexa como o desenvolvimento de um novo medicamento, o trabalho em equipe é essencial.

* * *

Odilon deixou a fazenda aos 13 anos para estudar na cidade. Instalou-se na mesma casa que seu irmão Nelson e entrou no terceiro ano do então chamado primário. No final do ano fez outra prova, pulou mais um ano e entrou no ginásio. Accacio continuava atento. "Ele exigia tremendamente da gente", recordou Odilon. "Perguntava: 'Tem medalhas?' 'Ah, tem; de comportamento, religião, de aplicação...' 'Eu quero todas.' E tinha que trazer as medalhas de ouro. Ele tinha um quadro na parede com as medalhas de ouro dos filhos." Muitos anos depois a voz do pai parecia ecoar na memória do velho médico, que repetiu, como se estivesse ouvindo mais uma vez: "Não tem dez? Quero dez". A cobrança por boas notas seguiu por mais uma geração dos Silva Nunes. Em seu gabinete no 15º andar de um prédio da Justiça Federal próximo à avenida Paulista, em São Paulo, a juíza federal Valéria da Silva Nunes se lembrou de como era tenso o momento de entregar o boletim de escola, mesmo com boas notas, ao pai, Hélio da Silva Nunes, que preservara o rigor e o laconismo de Accacio. "Meu pai dizia 'muito bem, não fez mais que a obrigação'", ela recordou. O pai era exigente consigo mesmo e com os filhos. "'Mulher não pode depender de marido', ele dizia. 'Tem de ter sua vida profissional e seu dinheiro. Esta é a sua libertação'."

Odilon quase não brigava, mas, se brigasse, exagerava. Durante uma partida de futebol em um internato de Lins, ele soube que um menino cujo apelido era Sapo queria bater nele. Não se davam bem: "Ele sempre insultando", lembrou. No refeitório, Sapo derrubava sua comida e, no quarto, mexia em sua cama, à sua vista. Odilon conseguiu um soco inglês e o manteve em um lenço enquanto jogava. "Ele estava com a bola, ninguém queria entrar nele, e vinha até o meu gol", reviveu Odilon. "Passou pelo zagueiro, já estava dentro do gol, mas a bola ficou. Tomei a bola dele e passei para os outros. Ele me deu um soco no ombro e falou: 'Vai reagir?' Falei: 'É pra já'. Tirei o soco do lenço, fui direto na parte baixa dele, ele ia abaixar a cabeça e nisso dei outro golpe. Ele sangrava. Eu era quieto, nunca fui de provocar ninguém, mas quando há dois galos... eu tenho que defender o terreiro."

Expulso da escola de Lins por causa da briga, Odilon voltou a Birigui, entrou em uma escola particular mista, o Ginásio Noroeste, e logo arrumou encrenca. Na primeira aula de química, o professor escreveu uma reação na lousa e ele gritou lá do fundo: "Está errado!" "Quem é que está falando que está errado?", perguntou o professor. "Fui eu", disse o recém-chegado. "Então você vem demonstrar", convidou Hermínio Cantisani, o professor. "'O senhor não sabe nem balancear uma equação, o senhor não balanceou', eu disse." Ele tinha aprendido química sozinho em Lins porque não gostava do método do professor, que escrevia na lousa e apagava logo em seguida. Após a aula Hermínio disse que ele não devia ter falado daquele jeito e explicou que não era formado em química. Odilon se tornou uma espécie de assistente do professor e ficaram amigos a ponto de saírem juntos para as serenatas, quando Hermínio Cantisani tocava violão.

A Segunda Guerra Mundial mostrou que os fungos poderiam de fato curar: a penicilina começava a ser usada para tratar soldados feridos em combate. Odilon se animou ao ver as notícias e contou para Odete, futura esposa de seu irmão Nelson, que ele já tinha sua própria penicilina, à qual deu o nome de Penicilon. O nome não pegou. Tempos depois ele tentou outro, Imunolon, ainda tentando incorporar parte de seu nome ao do remédio, e de novo não caiu bem entre as poucas pessoas que acompanhavam seu trabalho.

Não foi fácil sair de Birigui para continuar estudando. Aos 18 anos, uma operação de amígdalas lesou sua garganta e o deixou com dificuldade para engolir e se alimentar. O rapaz, que já era magro, emagreceu ainda mais. Fez o vestibular para o curso de medicina na Universidade de São Paulo (USP) e não passou. Visitou o Rio, onde seu primo Viriato estudava medicina, mas por ser hipotenso se sentiu mal em uma cidade de baixa altitude e voltou para casa. Depois de quatro anos de tratamento se sentiu melhor e quis estudar em Curitiba. Uma das razões era o clima ameno, mas havia outra motivação: "Eu queria ser médico de qualquer jeito. Eu queria ser médico para fazer a minha pesquisa".

Parte 2

O médico

- **Um estudante criativo em Curitiba**

Em 1947, no primeiro ano do curso de medicina na Universidade Federal do Paraná, em Curitiba, Odilon da Silva Nunes passava as manhãs nas aulas teóricas de anatomia e as tardes dissecando cadáveres. A contragosto, não assistia às aulas teóricas de histologia, embora não faltasse às práticas: "Eu não ia à aula por causa de meu problema de garganta. Eu não conseguia engolir a saliva, tinha de cuspir e não ia cuspir na aula, não é?", justificou. "Ele tinha dificuldade de falar, vivia no otorrino", lembrou seu ex-colega de faculdade Neder de Oliveira Astolfi, aos 82 anos, em fevereiro de 2011. Neder trabalhou 40 anos como anestesista e cirurgião geral e se aposentou depois de um infarto; era viúvo, morava com os netos e auxiliava o genro ginecologista em uma clínica em Campinas. "No começo Odilon era muito nosso, todo dia nos encontrava e conversava", disse ele. "Depois de certo tempo, foi escasseando, se afastando dos amigos, quase nem o via mais." Era de propósito, para não ser confundido com os estudantes, que carregavam a fama de arruaceiros.

A intuição, a sorte e o estudo por conta própria compensavam as faltas às aulas. No dia do exame final de histologia, ele estava sozinho no centro acadêmico jogando sinuca quando intuitivamente lhe ocorreu que o que deveria cair na prova seria um assunto chamado substância fundamental, a mistura de substâncias que confere consistência ao espaço entre as células e as mantém unidas. Era um tópico extenso, quase 100 páginas do livro, que o professor raramente cobrava. Odilon voltou para casa e estudou. Na sala de aula, sorteou o tema sobre o qual teria de falar, viu que era algo simples e voltava rindo para seu lugar quando o professor o deteve: "'Do que está rindo? Você não vai falar sobre isso. Vai falar sobre substância fundamental. Já que o senhor é um cometa, então deve saber tudo', disse o professor. Dissertei durante uma hora e ele falou que foi o primeiro 10 de histologia que ele deu", recordou Odilon.

A universidade, representada pelo prédio histórico em frente à Praça XV de Novembro, era um dos símbolos de Curitiba, então uma cidade fervilhante – a população passou de 140 mil pessoas em 1940 para 180 mil em 1950 – que ainda parecia um pouco europeia com os prédios baixos de estilo neoclássico e avenidas largas, por onde deslizavam bondes e, cada vez mais, carrões pretos.[9] Ainda havia muita interação da universidade com o Instituto de Biologia e Pesquisas Tecnológicas (IBPT), criado em 1940 para apoiar a expansão da agricultura e da indústria do Paraná. Como os laboratórios da universidade eram precários, os professores usavam os do instituto, ao lado de uma das faculdades, e muitas reuniões das equipes do instituto eram realizadas na universidade. O IBPT vivia uma época boa. Nos anos seguintes, por causa de sucessivos cortes de orçamento, começou a faltar material e seus pesquisadores se mudaram para a universidade, que se fortalecia após ter se tornado pública e renomeada como Universidade Federal do Paraná em 1951.

Pela universidade e pelo instituto circulavam professores talentosos como Arthur Schwab, Heitor Medina e Metry Bacila, que ouviram os planos de Odilon, embora pouco pudessem fazer, por falta de conhecimento, equipamento ou capacidade para aturar seu temperamento rebelde. Curitiba abrigava até mesmo alguns cientistas estrangeiros, como o geólogo alemão Reinhardt Maack, que fizera levantamentos geológicos na África e quase morrera atravessando desertos.[10] Conectados com os colegas de São Paulo e Rio de Janeiro, os cientistas de Curitiba acompanhavam tão de perto os movimentos da ciência que fizeram com que a Sociedade Brasileira para o Progresso da Ciência (SBPC), criada em São Paulo em 1948 para defender os interesses dos cientistas, inaugurasse sua primeira filial em Curitiba no ano seguinte. E o IBPT abrigou a segunda reunião anual da SBPC, em novembro de 1950, com 183 participantes, 79 a mais que a primeira, realizada no ano anterior em Campinas. Odilon deve ter circulado pelo congresso da SBPC em Curitiba entre figurões do Instituto Oswaldo Cruz do Rio, do Instituto Biológico de São Paulo, então um dos principais centros de pesquisa do país, e da USP.[11]

Em uma indicação de seu interesse em participar do mundo formal da ciência, Odilon associou-se à SBPC. Em uma das edições de 1949 da revista *Ciência e Cultura*, seu nome aparece com o número 380 entre os "sócios admitidos depois de 8 de novembro de 1948". Quase vizinho, no número 378, estava Juvenal Ricardo Meyer, pesquisador do Instituto Biológico de São Paulo que nessa época trabalhava em um composto antitumoral derivado da fermentação de fungos que seria aplicado em dezenas de pessoas com câncer em hospitais do Rio e de São Paulo.[12]

Suas notas na faculdade não eram lá essas coisas: 8 em anatomia e 7 em histologia e embriologia geral no primeiro ano; 5,5 em anatomia e fisiologia patológicas no segundo ano; 5,7 em parasitologia, 6 em farmacologia, 4 em clínica médica, 5 em clínica neurológica. Sua maior nota foi o 9 em higiene, no quinto ano.[13] Ele reconhecia o nervosismo como inimigo das provas orais: sentia o coração disparar quando era chamado e sabia que tinha de respirar fundo antes de começar a falar. Em uma das provas de patologia, a única das três perguntas que sabia resolver era sobre câncer, que ele estudava por conta própria e aprendia a diagnosticar no Instituto do Câncer, do qual se originou o Hospital Erasto Gaertner, hoje um dos maiores do país em oncologia. "O câncer, naquele tempo, estava no abecê", lembrou-se Neder Astolfi, que, como Odilon, fez o curso para estudantes de medicina da Liga Paranaense de Combate ao Câncer, criada em 1947 por Erasto Gaertner para disseminar o conhecimento sobre uma doença contra a qual se podia fazer muito pouco. Já se alertava para o aumento da mortalidade por câncer em Curitiba e para a importância das campanhas de prevenção e diagnóstico precoce, porque os casos ainda eram diagnosticados tardiamente.[14]

Odilon continuou estudando por conta própria e finalmente, mesmo depois de ver que o câncer era uma doença que desafiava até mesmo os médicos mais experientes, criou coragem para expor sua hipótese sobre a origem das células tumorais para seus professores.

■ A teoria iônica da origem do câncer

Em 9 de abril de 1948, uma sexta-feira, Odilon Nunes terminou de escrever as oito páginas de sua visão sobre a origem das células tumorais, que o guiaria nos anos seguintes. Não deve ter sido fácil para ele, estudante pouco assíduo e contestador, expor aos professores que lhe pareciam mais confiáveis as concepções que não estavam ainda em nenhum livro. O primeiro que ele procurou foi o de química, que o recomendou para Arthur Schwab, professor de física fisiológica. Duas semanas depois de receber seu manuscrito, Schwab o chamou e disse que gostaria de testar a teoria usando os aparelhos de seu laboratório, o que não se mostrou viável.

Em seguida Odilon apresentou suas ideias para o professor de patologia geral, Rosala Garzuze, que, fora da sala de aula, preferia falar sobre filosofia e poesia. Nascido no Líbano, chegou a Curitiba aos três anos com os pais. Em vez de se ater ao comércio como seus conterrâneos, mergulhou nos estudos e na literatura. "Ele lia de tudo e tinha sempre à mão extensos livros em português, espanhol, francês e traduções do inglês e do alemão", comentou sua neta Erica Piovam de Ulhôa Cintra. "Ele tinha grande sensibilidade para lidar com as pessoas e decifrá-las, entendendo suas intenções. Era uma presença apaziguadora", Erica observou. "Ele ficou fã da teoria", assegurou Odilon. Na aula seguinte, Garzuze teria dado aos estudantes a oportunidade de conhecerem sua proposta, em vez de se aterem aos livros. Odilon explicava, mas os colegas não o entendiam, por causa do excesso de física ou de seu escasso didatismo.

Sua visão sobre a formação das células tumorais resultou de pelo menos dez anos de reflexão sobre duas dúvidas persistentes: "Que negócio é esse de as células tumorais se multiplicarem sem parar? Por que o raio X cura e causa câncer?", ele se perguntou muitas vezes.

"Na quinta série do ginásio comecei a passar para o papel o que eu entendia por célula cancerosa e como deveria bloqueá-la. Pensei assim: 'Se a célula é um coloide...'. Há uns estudos de Tyndall sobre coloides e suspensoides..." John Tyndall, físico irlandês do século XIX, havia mostrado que um feixe de luz poderia atravessar uma solução pura como água destilada sem ser percebido por um observador humano, mas tornava-se visível ao atravessar uma solução coloidal e colidir com as partículas que a formavam. Uma solução coloidal – ou coloide, como gelatina, tintas, xampu ou nevoeiro – contém partículas sólidas, líquidas ou gasosas invisíveis a olho nu e dispersas em outra substância, enquanto em uma solução as partículas estão completamente dissolvidas no líquido que as contém. Por definição um coloide reflete a luz, o chamado efeito Tyndall, que explica por que o céu é azul: a atmosfera filtra a luz, deixando passar apenas a radiação correspondente à cor azul. Suspensoide é um tipo de coloide e consiste na dispersão de um sólido em um líquido, como o sangue. Odilon achou muito interessante o fato de Tyndall ter mostrado que um suspensoide poderia precipitar (seus componentes se aglutinam e se acumulam no fundo do recipiente que os contém), mas o coloide não, quando atravessados por uma corrente elétrica. Se o coloide desidratasse, também precipitaria.

Odilon concluiu que as células poderiam ter potenciais elétricos diferentes, mas estáveis. Uma célula, de fato, mantém seu equilíbrio iônico ou elétrico regulando a entrada e a saída de íons, que são átomos ou moléculas com carga elétrica negativa ou positiva. O potencial elétrico poderia cair se as células perdessem elétrons e começassem a desidratar, ele cogitou. Nesse caso, apareceriam regiões vazias, os vacúolos, que não deixariam as células se comportarem como um coloide e as fariam precipitar como um suspensoide. O câncer, ele pensou, era mais comum em pessoas com idade mais avançada porque as células desidratavam e perdiam a estabilidade elétrica. Um dos componentes da radiação, os raios gama, de maior penetração que os beta, poderiam gerar instabilidade ao remover elétrons das células normais, próximas ao tumor, que os raios beta devem destruir (os raios alfa não penetram no organismo). "A célula vai aumentar de volume para corrigir o que aconteceu, mas ela não pode crescer indefinidamente. Então, como meio de defesa, vai se dividir", disse Odilon. A seu ver, como o desequilíbrio iônico não seria desfeito, a divisão celular continuaria, formando as células anormais que caracterizam o câncer.

* * *

Poucos conheceram, como Odilon chamava, "a teoria", agora examinada pela primeira vez. O documento de 1948, que permaneceu durante muitos anos no cofre de seu consultório, provavelmente é o único que ele próprio escreveu sobre seu trabalho. Para assegurar sua autoria, ele depositou o manuscrito em um cartório de Birigui quase 50 anos depois, em 24 de abril de 1995.[15] O título, "Ensaios teóricos sobre a patogenia das neoplasias – Desequilíbrio eletroquímico micelar, na inter-relação nucleoplásmica", revelava seu interesse em expor suas ideias em linguagem científica formal. A falta de prática, de orientação ou de paciência, porém, resultou em um texto difícil – era mais uma arguição sobre as possíveis consequências do desequilíbrio iônico celular do que realmente uma teoria –, embora seja algo notável por expressar o trabalho solitário e não solicitado de um estudante de medicina em 1948, quando as hipóteses sobre a origem do câncer ainda eram vagas.

Odilon não explicava de onde havia tirado os conceitos, como o de relação nucleoplasmática, adotado antes pelo zoólogo alemão Theodor Boveri,[16] e citava poucos autores, com destaque para dois bioquímicos alemães. O primeiro era Otto Warburg, que ganhara o Prêmio Nobel de Fisiologia e Medicina em 1931 por suas descobertas sobre respiração celular e mostrara como as células tumorais utilizam as moléculas de glicose para produzir energia, a chamada glicólise.[17] O segundo era Hans Krebs, que trabalhou com Warburg e recebeu o Nobel em 1953 por seus trabalhos sobre metabolismo celular.

O fundamento de sua hipótese era simples – o desequilíbrio iônico causado pela passagem do raio X faz as células se dividirem continuamente para restabelecer o equilíbrio anterior –, embora nem tudo em seu texto seja simples. Logo no início ele apresentava um conceito-chave: a célula, em consequência de um desequilíbrio eletroquímico entre o núcleo e o citoplasma, tornava-se totipotente, ou seja, capaz de se dividir e produzir qualquer tipo de célula do organismo. Em resposta a esse desequilíbrio, a atividade celular (metabolismo) aumentaria, permitindo à célula crescer com rapidez. No entanto, haveria um limite para o crescimento, a partir do qual a célula começaria a se dividir. Depois de se dividir, por não ter conseguido restabelecer o equilíbrio iônico anterior, a célula transmitiria às descendentes a mesma disfunção, e a multiplicação continuaria.

A diferença entre um tumor benigno e um maligno estaria na intensidade do desequilíbrio eletroquímico: no benigno, o desequilíbrio seria pequeno, pouco acima de um valor crítico, e a célula poderia se restabelecer ou morrer, sem se dividir; no maligno, o desequilíbrio seria grande e a célula se dividiria continuamente, sem conseguir restabelecer o equilíbrio anterior.[18] A primeira página de um dos rascunhos continha uma nota manuscrita que não constava no original de 1948: "Será sempre negativo o potencial", ele escreveu, indicando que poderia ter se baseado nas células nervosas, as mais estudadas em sua época de faculdade e com potencial negativo, para prever o comportamento das células tumorais.[19]

Outro documento manuscrito era uma síntese do texto de 1948.[20] Um terceiro documento, agora datilografado, era a provável teoria definitiva. Registrado em cartório em 30 de outubro de 1979, antes que as outras duas versões, o terceiro documento reproduzia o segundo, ao qual acrescentava este trecho: "Os raios X e radium têm (sob este ponto de vista) justificado o seu emprego; estes meios em determinada dose fazem baixar o valor crítico, determinando a floculação, e, em outras doses, agem como causas desencadeantes (desorganizadoras do equilíbrio físico-químico). Outras substâncias cancerígenas teriam o mesmo fundamento, cedendo ou retirando cargas (íons)".

Na versão datilografada, delineando sua estratégia de ação nas décadas seguintes, Odilon escreveu: "A célula em desequilíbrio necessitaria, para voltar ao normal, de um aumento das enzimas do ciclo da glicólise (Warburg-Krebs)". Warburg e Krebs mostraram como as células normais e as tumorais poderiam funcionar. Odilon se preocupava com um estágio anterior, procurando entender como alterações elétricas poderiam originar as células tumorais. Para ele, uma célula normal começaria a se dividir após receber um estímulo externo como radiação ou entrar em contato com vírus ou com substâncias capazes de fazê-la perder seu equilíbrio iônico e, a partir daí, funcionar do modo como Warburg e Krebs haviam proposto. Odilon parecia olhar as células sadias e tumorais ora como biofísico, ora como bioquímico, ora como biólogo celular, em vez de seguir um único plano de análise dos fenômenos celulares. Ele acreditava que os linfócitos poderiam envolver a célula lesada, mas, se não conseguissem imobilizá-las, também poderiam perder o equilíbrio elétrico e começar a se dividir de modo acelerado e descontrolado.

* * *

Foi também em 1948 que ele disse ter elaborado a fórmula que sintetizava seu raciocínio. Sua primeira reação, diante da possibilidade de revelar a fórmula, foi defensiva: "Para que você quer a fórmula?", ele me perguntou. Segundos depois, menos reticente, ele a escreveu e comentou: "Como Einstein fez aquela fórmula para explicar a teoria dele, eu também tinha uma para explicar o que eu pretendia fazer". A fórmula de Odilon da Silva Nunes associava a uma célula normal (CN) uma equivalência de massa (Eqm) entre o núcleo (N) e o citoplasma (C) com um potencial elétrico (P); n, presume-se, já que ele não explicou seu significado, seria a somatória das cargas elétricas em um dado momento:

$$CN = Eqm \frac{N^n}{C^n} = P$$

Ou seja: a equivalência de massa entre o núcleo e o citoplasma resultaria em um potencial elétrico P, cuja unidade de medida seria milivolts. O valor de P, que reflete o equilíbrio energético de uma célula, variava de acordo com n, à medida que novos íons entravam no núcleo ou no citoplasma.[21] Nem a fórmula nem seu plano para desfazer o desequilíbrio iônico das células em divisão incessante constavam nos documentos registrados.

Anos de estudos e reflexão indicaram o que teria de ser feito para interromper a divisão celular desenfreada: "Tenho de arrumar", concluiu. Supondo que a célula em multiplicação contínua fosse eletricamente negativa, ele imaginou que um elemento químico metálico, com carga elétrica positiva, conduzido por uma proteína, poderia desfazer o desequilíbrio iônico e restabelecer o funcionamento normal da célula. E como fazer uma proteína com um metal que chegasse à célula? "Aí lembrei do fungo", ele contou. Um fungo, pensou Odilon, com base no conhecimento acumulado desde os tempos da fazenda, talvez pudesse produzir um composto químico com algum tipo de metal que reduzisse o potencial elétrico das células "e envenenasse somente os tumores em crescimento e não as células saudáveis", como ele dizia. "Meu sonho era trabalhar para saber se realmente esta teoria estaria certa. Mas, se ela estiver errada, tem o mesmo valor, pois me permitiu fazer uma droga metálica proteica."

Talvez ele gostasse de saber que estava no caminho certo e não era o único a pensar nessas coisas, mesmo que tenha sido provavelmente o único a fazer o que fez com fungos usando sua própria abordagem. Por meio de experimentos realizados na década de 1940, Harold Rusch e outros pesquisadores da Universidade de Wisconsin, Estados Unidos, verificaram que partículas alfa, beta, gama, nêutrons e raios X poderiam induzir a formação de tumores. O aumento no número de casos de leucemia entre os sobreviventes da bomba atômica de Hiroshima e Nagasaki e entre radiologistas nos Estados Unidos e na Europa evidenciou a relação entre câncer e radiação.[22] Em 1970, Shields Warren, da Universidade Harvard, após observar o primeiro caso de câncer de pele resultante da exposição ao raio X, descoberto cinco anos antes, observou: "A radiação cura e também causa câncer e, mais, não o causa de imediato, mas geralmente após um período de latência de alguns anos".[23]

Alguns tipos de câncer apareciam mais comumente entre famílias ou, de modo induzido, entre camundongos irmãos, mas ninguém sabia direito por quê, até a molécula de DNA ganhar importância. O DNA foi apresentado como material genético em 1944 e sua estrutura descrita em 1953, esclarecendo como as células se dividiam e como os seres vivos transmitiam os caracteres biológicos para os descendentes. Tornava-se claro que o DNA era o alvo mais sensível dos raios X, da fumaça de cigarro ou chaminés e de outros agentes cancerígenos: as alterações da molécula de DNA poderiam fazer as células se dividirem de modo irregular ou não pararem de se dividir, mesmo nas gerações seguintes.[24]

Vários estudos feitos nos Estados Unidos na década de 1970 indicaram que alterações na relação nucleoplasmática ou no citoplasma poderiam determinar divisões celulares, como Odilon pensava.[25] Em 2009, pesquisadores da Escócia reconheceram que os campos elétricos ou magnéticos regulavam fenômenos fundamentais, como divisão, migração e diferenciação de células sadias ou tumorais em vários tecidos, do cérebro à pele, e alertavam para o fato de que essa área, apesar de relevante, permanecia pouco estudada.[26] Em 2011, uma empresa dos Estados Unidos apresentou um sensor que registrava, de modo não invasivo, os primeiros sinais de tumores de mama. O sensor tinha sido desenvolvido a partir de pesquisas que indicavam que as membranas das células epiteliais perdiam o equilíbrio elétrico e se tornavam despolarizadas ao entrarem no processo de proliferação acelerada característico do câncer.[27] É fácil imaginar Odilon, ao ver essas coisas, dizendo "Eu sabia..." e perguntando se alguém mais teria feito uma teoria própria e a usado para construir um medicamento capaz de desfazer o desequilíbrio iônico causador do câncer.

▪ O aprendiz rebelde

Para fazer e testar um medicamento que bloqueasse a reprodução descontrolada das células, de acordo com a hipótese que havia formulado, Odilon Nunes se instalou em um dos laboratórios, o de fisiologia, do segundo andar de um prédio no Alto da Glória, a três quilômetros da faculdade.[28] Seus experimentos, porém, não deram certo, por causa da falta de tradição da faculdade em pesquisa, já que a prioridade era o ensino médico prático, agravada por seu escasso senso diplomático: "Criei problema de todo lado", ele reconheceu.

No quarto de uma das casas em que morou, Odilon pôs para crescer, em potes, os esporos do fungo que tinha trazido de Birigui. Os camundongos de que precisava para testar as substâncias produzidas pelo fungo tinham sido enviados por seu irmão Hélio, advogado em São Paulo, que de algum modo os teria conseguido por meio da Fundação Rockefeller. Odilon obteve no laboratório da faculdade as primeiras evidências experimentais de regressão tumoral aplicando seu extrato de fungo, mas cultivou antipatias até mesmo com professores que se dispunham a ajudá-lo. Um deles foi Eurípedes Garcez do Nascimento, professor de farmacologia e diretor da faculdade. "Um dia esse Garcez veio apresentar para um médico do Rio de Janeiro os estudos de câncer. Era o meu", ele contou. "Eu que faço e esse cara ainda fala 'minha universidade tem estudos de cancerologia experimental'?! Depois ele veio: 'Nós vamos trabalhar juntos'. 'Mas o senhor vai trabalhar?', perguntei. 'Vai pesar rato, limpar gaiola, essas coisas?' 'Não, eu vou orientar', ele respondeu. 'Então, comigo não', eu disse."

Expulso do laboratório, Odilon bateu à porta de Heitor Segundo Guilherme Medina, cientista de prestígio no IBPT, e ali também arrumou encrenca. Nascido no Rio de Janeiro e formado em medicina,

Medina era também esportista: tinha participado como arremessador de dardo em duas olimpíadas mundiais e jogava como centroavante em um dos times formados por pesquisadores, técnicos, professores e estudantes do instituto e da universidade, que se reuniam no campo em frente à Escola de Veterinária. Como cientista, tinha identificado uma espécie de *Leishmania*, protozoário causador da leishmaniose, a que deu o nome de *Leishmania enrietti* em homenagem ao diretor do instituto, Marcos Enrietti. Sua nova espécie logo começou a ser usada por outros pesquisadores porque podia ser cultivada facilmente em laboratório e formava tumores volumosos na pele de porquinhos-da-índia, então chamados de cobaias.

Medina fazia o que Odilon queria fazer: induzir experimentalmente uma doença, injetando uma solução com leishmanias em cobaias, e avaliar a ação de medicamentos que pudessem deter a infecção. Outros pesquisadores de seu grupo testavam diferentes combinações de nutrientes para ver em qual o *Penicillium* que usavam crescia melhor e já tinham visto que o raio X prejudicava o crescimento de gatos e transformava a glândula timo em uma massa gelatinosa.[29] Odilon deve ter gostado de ver trabalhos que reforçavam suas conclusões – ele já havia comentado com os professores que era contra fazer exame de raio X em mulheres com menos de seis meses de gestação por temer os efeitos sobre o feto –, além de pesquisadores aparentemente dispostos a testar novas hipóteses de trabalho.

Odilon contou a Medina que queria criar tumores em camundongos, similares ao que havia feito em um coelho que manteve inicialmente no quarto onde morava. Durante meses ele esfregou alcatrão na orelha do coelho até produzir câncer[30] e depois o levou para a faculdade, mas o assistente de um professor, em vez de cuidar do animal, já que Odilon teve de viajar, deixou-o morrer. "Em vez de ficar esfregando", ele propôs a Medina, "vou colocar alcatrão na articulação coxofemoral do camundongo, assim ele corre para lá e para cá e ele mesmo faz o atrito e o tumor...". Medina reagiu com firmeza: "O senhor não conhece a reação biológica de corpo externo? O organismo joga fora!'". Odilon, refazendo o diálogo, argumentou: "Mas não na cápsula, que é fibrosa".

Apesar das dissonâncias, começaram a trabalhar juntos e, por conta própria, ele testou sua hipótese. "Abri a cápsula do rato, coloquei algodão e uma cápsula a mais, suturei e deixei. Dois meses depois já estava no processo de pré-câncer", ele relatou. Seu método parecia estar funcionando, o tumor ganhou volume. Ele injetou o extrato de fungo perto do tumor, mas o tumor necrosou. "Começou a cheirar mal, provavelmente porque o tecido tinha apodrecido, em consequência de uma contaminação por bactéria ou alguma outra razão", observou. Ele se decepcionou outra vez, perdeu a paciência, deixou para Medina os outros animais com que já trabalhava, induzindo tumores, e decidiu: "Só quando for gente, com meu dinheirinho, vou retomar".

Medina foi até sua casa e propôs: "Você começou pelo teto, não sabe as bases do câncer, eu vou te ensinar e nós vamos trabalhar juntos". Odilon não gostou e reagiu ou gostaria de ter reagido enfaticamente: "'Se eu comecei pelo teto', respondi, 'as bases aí que o senhor diz não valem nada! Vou continuar, não quero sua colaboração. Depois eu volto para aprender as bases, se for possível'". Impossível saber se a resposta foi mesmo essa, que soaria muito agressiva em um ambiente formal como o da Faculdade de Medicina de Curitiba da década de 1950, ou se esse foi apenas o modo como ele pensou ou gostaria de ter respondido. Seu colega Neder Astolfi já tinha notado: "Odilon era estourado, por qualquer coisa ele estourava".

Medina deve ter se impressionado com a arrogância do jovem, que mascarava o medo de perder a autoria de suas ideias diante de cientistas que pareciam já ter feito tanto. Nessa época era comum apenas o chefe do laboratório assinar os artigos científicos, raramente dando créditos a quem havia de fato feito o trabalho, e Odilon não queria desaparecer à sombra de eminentes cientistas. Era apenas um estudante de medicina, mas se concedia o direito de discordar das práticas científicas. Ao falar sobre ele em maio de 2010 em Campinas, Iseu lembrou: "Como todo cientista, ele tinha um ego monumental".

Os recém-formados receberam o diploma de médico em 17 de dezembro de 1952 e saíram para o baile no Clube Thalia. A foto de formatura exibe Odilon aos 30 anos, nas roupas típicas da formatura, com bigodes finos, discretamente feliz. "Eu gostava de lá", ele lembrou. "Era divertido."

À medida que as condições de trabalho pioravam, Medina e outros pesquisadores do IBPT migraram para a universidade, levando seus equipamentos e esvaziando os laboratórios.[31] Já com mais de 90 anos, Heitor Medina contraiu uma forte pneumonia, pediu aos familiares para não avisarem nem seus amigos mais próximos como Metry Bacila e morreu em poucos dias. Bacila tinha a mesma idade de Odilon, embora com uma trajetória diferente. Bacila terminou o curso de medicina um ano antes da chegada de Odilon, fez o doutorado, passou uma temporada de estudos em Buenos Aires e seguiu como pesquisador e professor universitário em Curitiba, de onde Odilon saiu logo depois de formado. "Lembro, sim, do Odilon", ele comentou em abril de 2011, aos 89 anos, um ano antes de morrer. Depois de Curitiba eles voltaram a conversar em meados de 1970 no Hospital do Câncer de São Paulo, quando Bacila tinha se transferido para a USP e Odilon trabalhava como médico em Birigui, dedicando o tempo livre aos experimentos com camundongos, em busca do medicamento que havia idealizado nos tempos de faculdade.

▪ Muitas novidades em Birigui

Na Praça do Patriarca, em São Paulo, logo depois de ter saído de Curitiba, em 1953, Odilon encontrou um ex-colega de faculdade, que comentou que o dia seguinte era o último para se inscrever em um concurso na clínica de ginecologia de José Medina no Hospital das Clínicas da Faculdade de Medicina da USP. Odilon fez as provas e foi aceito, começando uma temporada de dois anos em São Paulo.

Construído com financiamento da Fundação Rockefeller, o hospital logo ganhou reconhecimento internacional, em razão da excelência de seus professores. Um deles era Medina, que criou a clínica ginecológica e incentivou as campanhas de prevenção de câncer de colo de útero. Odilon saía da clínica e ia para o pronto-socorro ajudar os colegas. Viram que ele queria trabalhar e o convidavam para os plantões de domingo: "Às 6 da manhã eu estava lá e ficava o dia inteiro", ele relatou, lembrando-se dessa época com uma calma felicidade: tinha de ser humilde, não teve tempo de arrumar confusão e estava em um hospital grande entre médicos que o valorizavam e lhe apresentavam problemas novos para analisar e resolver.

Depois da USP ele trabalhou na Santa Casa de Misericórdia de São Paulo, o hospital filantrópico mais antigo da cidade. Ao terminar o estágio, viu que a correria de ir de um lugar para outro, ganhando pouco, não compensava, e fez as malas. Tentou a sorte em Mato Grosso, não gostou. Andou por Jales, interior paulista, também não encontrou nada animador. Voltou para Birigui e se casou com Cecília Ibañez, após um namoro de nove anos. Em 1955 ele montou seu consultório em um dos cômodos da frente de sua casa, na rua Siqueira Campos, 550, no centro da cidade, e "na primeira semana já ganhava o que não ganhava em São Paulo", comemorou. A fama tinha chegado antes dele. Em São Paulo ele tinha atendido moradores de Birigui que voltavam falando dele e agora viam que não precisavam mais ir ao hospital da USP porque o médico que os atendera estava ali. Ótimo para ele, mas péssimo para os outros médicos da cidade. Logo começaram as rivalidades. Como Odilon tinha escolhido pediatria como sua especialidade, os colegas começaram a chamá-lo de "médico de mamadeira". Ele viu indícios de que estava sendo boicotado e se preparou para o revide. Seus dois primeiros filhos, os gêmeos Iseu e Silmara, tinham um ano e sua mulher estava grávida quando ele comunicou: "Vou fazer cirurgia". Fecharam a casa e se mudaram para São Paulo. Ele trabalhou com "o Professor Ayres", como chamou, referindo-se provavelmente a Pedro Ayres Netto, diretor clínico da Santa Casa de São Paulo.

Ao voltar a Birigui, quase dois anos depois, ele começou a fazer um tipo de cesárea ainda desconhecido na cidade, com um corte horizontal abaixo do umbigo. A novidade correu, as mulheres se interessaram e começaram a procurar o médico novidadeiro. Os outros médicos é que não gostaram. "Vieram pedir que eu deixasse a cirurgia e ficasse só com pediatria, que eles iam mandar todas as crianças para mim. 'Não. Vocês me provocaram, agora aguentem'", ele contou. As lutas o mobilizavam – era quando se sentia vivo, realizado e feliz. Parecia viver em uma guerra sem fim. Na Santa Casa de Birigui, que por muito tempo foi o único hospital da região, ele atendia e fazia cirurgias. "Às vezes eu passava três, quatro dias sem ver meu pai", Silmara se lembrou. "Se a irmã da Santa Casa chamasse no meio da madrugada, Odilon não perguntava quem era e ia logo."

A Santa Casa de Birigui era uma construção de um pavimento que começou a funcionar em 1935 no alto de um morro, erguida por meio da ação conjunta dos moradores, que doaram materiais de construção ou dinheiro ou participaram diretamente da construção. A prioridade eram os pobres, embora as Santas Casas atendessem qualquer um, com base em uma regra simples: quem podia pagava, quem não podia não pagava. Em 2012, a fachada, que já fora branca, estava pintada de creme. Uma escada larga, em frente a uma rampa para carros, conduzia à recepção, com a sala de espera e um balcão de madeira diante da porta de acesso ao hospital. Atrás da porta se abriam os corredores estreitos, de paredes cobertas por azulejos brancos na metade inferior e acima, pintadas de creme, como a fachada. Os tetos eram altos, de madeira branca. As paredes da maternidade, à esquerda, preservavam a pintura antiga, azul claro. À direita, outros corredores levavam para as enfermarias e para a capela.

Nilza Mary Giaretti Canassa se pôs atrás do balcão da recepção pela primeira vez pouco antes das dez horas da noite de 2 de janeiro de 1972. Durante três anos ela trabalhou à noite, sozinha no atendimento, vendo a cidade se estender em meio à escuridão e ouvindo os sapos de um lago e dos córregos próximos. Em 2012, aos 60 anos, por conta própria ela guardava vários livros antigos que registravam a história do hospital. Em um depósito no subsolo com prateleiras de cimento tomadas por envelopes e pastas amarelas, sob uma janela ampla de vidro, Nilza Canassa consultou os registros de atendimento desde 1971 (os anteriores já haviam se perdido), alguns com borrões ou manchas de umidade, em busca de sinais do trabalho de Odilon.[32] "Ele não era de muita conversa, não gostava de brincadeira. Tinha de saber chegar", ela contou, enquanto folheava os livros. "Mas não se recusava a atender ninguém, pobre ou rico." Nessa época os médicos não recebiam nada ao atender os mais pobres.

"Odilon tratava qualquer um como se fosse do mais alto nível", observou o médico Nelson José Gonçalves da Cruz. Nascido em 1940 em Braúna, uma cidade próxima, ele conheceu Odilon em 1968, quando começou a trabalhar como anestesiologista na Santa Casa de Birigui. "Ele era muito honesto, às vezes ríspido. Até com paciente. 'Pare de frescura', ele dizia, se achava necessário." Os dois se tornaram amigos a ponto de pescarem juntos no rio Tietê. Em 2012, aos 72 anos, morando em uma casa com um jardim amplo – era um sítio quando se mudou para lá –, Nelson Cruz era um homem forte, de voz calma e atencioso. Fazia alguns anos que havia deixado a Santa Casa, insatisfeito com as crises financeiras e greves que se agravavam desde a municipalização do hospital, em 1993.

"Odilon tinha poderes incríveis", disse Wilson Pereira Jr., juiz federal nascido em Birigui. Aos dois ou três anos de repente ele se viu incapaz de mover as pernas. Em uma hora de almoço, seu pai, Wilson Pereira, levou-o para Odilon, que encontrou em uma praça, voltando para o consultório. Ele examinou o menino ali mesmo, em um banco da praça, disse que poderia ser paralisia infantil, na época o pavor dos pais, e nas costas de um talão de cheques receitou um medicamento para o homem comprar na farmácia. Não se soube o que o menino teve, mas ele voltou a andar em poucos dias.

"Era um espírito muito evoluído", afirmou Josette Muniz Machado Fogolin, esposa de Ápio Fogolin. Os espíritos – e os assuntos ligados à espiritualidade – acompanhavam Odilon há um bom tempo, ora ajudando, ora trazendo dor de cabeça. Muitas vezes ele enfrentou situações que não conseguia explicar adequadamente e a contragosto considerava o resultado de influências ou forças espirituais. Seus pais e parentes próximos eram ligados ao espiritismo, que ele relutava em aceitar.

Muitos episódios permaneceram desconhecidos durante muito tempo até mesmo das pessoas mais próximas. Em 2003, após a morte de sua mãe, dois anos depois da de Odilon, Silmara foi a Birigui para retirar os móveis da casa dos pais e encontrou um amigo da família, que lhe disse: "Seu pai era um grande médium". Ela não entendeu: "O senhor quer dizer médico". O homem respondeu: "Não. Médium". Então ele contou que, muito tempo antes, já tinha um filho e sua esposa estava doente – desmaiava, delirava, gritava – e ninguém descobria a causa. Ele marcou uma consulta com um médico recém-chegado à cidade, entrou no consultório com a mulher, sentaram-se e aguardaram. "Encontraram meu pai de cabeça baixa sobre a mesa", ela relatou. "Antes que dissessem alguma coisa, ele começou a falar, sem olhar para eles: 'Esse filho que a senhora está esperando precisa vir ao mundo. A senhora vai parar de impedir que ele venha e vai receber este filho. Para dar certeza do que estou dizendo, é uma menina.'" Então a mulher contou ao marido que estava grávida e tomando chá abortivo – o homem não sabia nem de uma coisa nem de outra – e, por causa da situação financeira, achava que seria muito difícil ter outro filho. Mais de 50 anos depois, o homem contou a Silmara: "Minha filha nasceu e seu pai nunca cobrou a consulta".

"Essas coisas são particularidades que só eu e pouca gente sabe", confessou Odilon ao relatar uma série de episódios sobre a influência espiritual em sua vida. Ele não gostava de falar disso para não desmerecer seu trabalho como médico e para não entrar em discussões para as quais não tinha paciência. Uma vez, movido pelo desejo de entender melhor os fenômenos espirituais, ele foi ao que deveria ser um debate com espíritos. Em vez de debater, levou uma bronca, quando um dos participantes do grupo começou a falar com ele com sotaque alemão e voz grave: "Por que você abandonou a pesquisa? Estou falando em nome de J.S.". Então ele se lembrou que um ano antes, em outra sessão espírita, uma mulher lhe dissera: "Um companheiro seu que está aqui no espaço, chama-se J.S., manda um recado para você começar imediatamente". Logo depois, em uma mesma manhã, ele atendeu três pessoas com câncer e se sentiu culpado por ter deixado de lado seu plano de fazer um remédio contra câncer, já que estava sem tempo livre e sem o fungo de que precisava. "Naquele dia", ele contou, "encontrei o fungo e recomecei".

Parte 3

O cientista faz-tudo

- E o fungo reaparece

Após uma experiência fracassada com criação de gado – um sócio vendeu os 750 bois que engordavam em uma fazenda e desapareceu com o dinheiro –, Odilon decidiu retomar sua pesquisa. Já fazia dez anos que interrompera seus experimentos em Curitiba. Seus sonhos de cientista, porém, dependiam de um fungo que, ele pensava, poderia criar a molécula capaz de combater o câncer como havia imaginado. Ele não tinha mais o fungo, mas o reencontrou porque, na versão contada por ele próprio, gostava muito de pescar.

Quase todo domingo Odilon saía para pescar. Quando não tinha carro, ia e voltava de caminhão com os outros pescadores da cidade. Às três da madrugada o motorista apanhava os homens, que se acomodavam na carroceria e sabiam que encalhariam algumas vezes antes de chegar ao lugar da pescaria, no rio Tietê, a 20 quilômetros de Birigui. Depois ele comprou um Ford 40 verde-oliva e ganhou autonomia. Em vez de se instalar na margem do rio e jogar ceva, a comida para atrair os peixes, apenas ali por perto, ele achou que pegaria peixes maiores se espalhasse milho e mandioca no meio do rio. Deu certo, mas ele não se aquietou.

Se usasse sangue, pensou, poderia atrair peixes ainda maiores como os dourados, peixes carnívoros de até 20 quilogramas, no rio Paraná, mais distante. No sábado, ele ia ao matadouro municipal e enchia latas com sangue de boi. Misturado com farelo e raspa de mandioca, o sangue coagulava e formava uma massa. No dia seguinte ele colocava a lata no bagageiro do carro e depois em um barco com motor de popa que havia comprado. Subia o rio, parava onde lhe parecia um bom lugar, despejava a massa em um saco de estopa amarrado com uma corda e com um peso, furava o saco e deixava-o afundar debaixo do barco, liberando o sangue, que atraía peixes grandes. Outros pescadores estranhavam ao vê-lo no meio do rio pescando com uma varinha, que ele usava para encobrir seu truque. No final da tarde, quando o viam com dois ou três pacus e perguntaram como havia conseguido, ele dizia que tivera sorte.

"Antes de 1960", foi tudo o que conseguiu lembrar, no final de uma das pescarias no Paraná, ele fechou o latão com a sobra da mistura de sangue com farelo e raspa de mandioca e voltou para casa. Dias depois, ao abrir o latão, a maravilhosa surpresa, ao reconhecer o fungo que procurava entre os que cresciam sobre a massa avermelhada: "Ele caiu do ar, no latão com meio de cultura para chamar peixe, que servia também para crescer fungo", ele contou.

O jogo tinha finalmente começado. Ao agachar-se para ver as colônias brancas de seu fungo predileto brotando no fundo do latão com comida para peixe, Odilon da Silva Nunes era apenas um médico. Ao levantar-se, havia se transformado no cientista que queria ser desde os tempos de menino em uma fazenda de café. O bolor branco concedia ao homem de 37 anos os meios para formular um medicamento apto a deter o crescimento de células tumorais e testar a teoria guardada no cofre e na memória. Ao mesmo tempo, o pequeno ser de filamentos brancos definia as regras de quem serviria a quem, ao fazer o homem agachar-se, sacrificando a liberdade em nome do desejo, e ao fazê-lo exercer a humildade que teria de ter nas décadas seguintes para atender a seus caprichos.

Na falta de relatos precisos, imaginemos que foi em um sábado de muito sol que o médico – de camisa e barbeado, já que a qualquer momento poderiam chamá-lo para um atendimento – resolveu arrumar as tralhas da pescaria espalhadas na garagem. Ao abrir o latão com a sobra de comida para peixe, que devia estar com um cheiro horrível, encontrou seu fungo e sorriu em silêncio, pensando no que fazer. Retirou uma amostra, conferiu as hifas do fungo em um microscópio da Santa Casa e confirmou: "É ele". Voltou para casa e procurou potes de vidro, que lavou e secou com esmero, para acolher os velhos amigos. Ao pensar nos nutrientes – o meio de cultura – para os fungos crescerem e se reproduzirem, lembrou-se das experiências na fazenda, do *Tesouro da Juventude* e das aulas de microbiologia e fez algo prático, talvez com arroz ou batata cozidos, ricas fontes de glicose para fungos em estágio reprodutivo. Voltou à garagem, curvou-se sobre o latão e com uma pinça colheu o bolor branco que crescia sobre a massa para peixe, com cuidado para não puxar também os fungos de outras cores, supostamente de outras espécies, que compartilhavam a comida farta. Mantinha-se a uma distância respeitosa, porque sabia que os esporos, as células germinativas que formam o pozinho dos fungos, poderiam ser inalados e crescer nos pulmões.

O médico feliz espalhou o fungo sobre os nutrientes dos potes, guardados em lugares seguros, com luz amigável e temperatura amena como a da Londres em que Fleming encontrou o bolor que mudou o mundo. Ninguém, principalmente os filhos, poderia encontrar, perguntar o que era aquilo ou, pior, achar que podia jogar aquela coisa embolorada. Os esporos demoram de três a sete dias para germinar no meio de cultura e produzir outros esporos. Para um médico habituado a urgências, começava algo difícil: esperar. "Quase 90% da guerra é esperar", filosofou em seu diário o major americano Jack Welch em julho de 1944, durante um intervalo do avanço das tropas aliadas na França tomada pelos nazistas.[33] Esperar, sim, mas também planejar.

Então ele viu o que tinha, ou melhor, o que não tinha. Além do fungo que reencontrava, de uma folga financeira que lhe permitia retomar a pesquisa e de uma teoria que não sabia se estava certa, não tinha mais nada. Nem laboratório, nem equipamentos, nem animais de experimentação, nem equipe. Estava em Birigui, longe de qualquer centro de pesquisa e, por muitos anos, longe de qualquer pessoa que pudesse ajudá-lo a planejar e executar seus experimentos. Por que prosseguir, então, se ninguém pedia, nem esperava nada dele? A longa jornada começou com a busca dos ingredientes adequados para o meio de cultura – uma combinação de nutrientes com os ingredientes específicos e as proporções exatas – em que o fungo pudesse crescer e produzir a molécula que ele tinha imaginado dez anos antes.

▪ "Três anos, errando todo dia"

"Eu tinha medo de abrir a geladeira de Odilon e, em vez de uma cerveja, pegar alguma das coisas que ele estava preparando", comentou Ápio Fogolin, que o ajudava a extrair as substâncias produzidas pelos fungos. Por falta de espaço apropriado, Odilon havia transformado a casa em seu laboratório. Em potes de vidro guardados na geladeira, cresciam esporos de fungos em diferentes combinações de nutrientes, muito sensíveis a variações de temperatura; tempos depois a geladeira foi o destino provisório, por algumas horas, de um camundongo com câncer que Odilon teve de parar de examinar para atender a um chamado médico. Os armários da casa guardavam outros potes, com esporos secos. Na garagem, ao lado do Ford 40, trocado em 1963 por um AeroWillys e depois por um Galaxy vinho, havia mais potes com fungos e gaiolas com camundongos de linhagens especiais de tumor em que ele começou a testar os compostos que obtinha por meio da fermentação dos fungos. Quando precisou de mais espaço, ele tomou posse do banheiro da edícula no fundo da casa, que mantinha fechado para evitar acidentes e perguntas.

O plano de Odilon era tão ambicioso quanto construir uma espaçonave para chegar a Marte. Por meio da fermentação de uma linhagem selecionada de fungos, como era feito com a penicilina, ele pretendia produzir um composto químico capaz de "matar o tumor de fome", como ele dizia, e agir apenas sobre as células tumorais, sem qualquer efeito prejudicial sobre as sadias. Seria, portanto, uma *bala mágica*, expressão que o médico alemão Paul Ehrlich havia criado em Berlim no início do século XX para designar os medicamentos capazes de agir apenas sobre células anormais. O composto que o médico de Birigui idealizava era formado por uma proteína associada a um metal e deveria ter carga elétrica positiva, porque ele supôs que os tumores teriam carga negativa. A proteína, por ser um corpo estranho ao organismo, poderia ativar a produção de anticorpos e outras defesas do organismo contra tumores, e o metal poderia penetrar nas células e neutralizar o desequilíbrio iônico que favorecia o crescimento das células tumorais. Por um caminho, por outro ou talvez pelos dois juntos, ele concluiu, a molécula estaria atacando a célula cancerosa.

Diferentemente do previsto, a molécula não ativava diretamente a produção de anticorpos ao entrar no organismo, como cientistas do Instituto Butantan concluíram em dezembro de 2011, inicialmente com desalento, porque a habilidade de chegar sem ser notada dificultava seu acompanhamento. Por outro lado, era uma propriedade valiosa, já que desse modo o P-Mapa poderia ingressar no organismo sem ser detectado – caso contrário, seria neutralizado e imobilizado antes que pudesse agir. Mesmo assim, a molécula superou os sonhos de seu criador, já que seu modo de ação parecia variar de acordo com a doença, ora estimulando, ora reduzindo a produção de células de defesa e anticorpos. Sua ação poderia ser lenta ou rápida, de acordo com a dosagem, e, além de câncer, mostrou-se eficaz para deter doenças infecciosas. Havia também uma ação antioxidante, reduzindo o excesso de moléculas ou átomos com cargas elétricas positivas ou negativas – eis o desequilíbrio iônico desfeito! "Um imunomodulador antioxidante é inédito", disse Wagner Fávaro ao apresentar a Iseu Nunes os resultados dos experimentos mais recentes, em 23 de dezembro de 2011. "Parecia impossível."

Cinquenta anos antes, Odilon sabia apenas que tinha de cuidar do fungo com zelo para não perdê-lo outra vez, torcer pela uniformidade das populações – ou cepas, cujas variações, dentro de uma mesma linhagem, podem levar a compostos químicos distintos – e preparar um meio de cultura adequado, que resultasse no composto químico com as características que ele desejava. Seu ponto de partida foi o fato de o fungo crescer sobre o sangue coagulado da comida para peixe, o que indicava uma afinidade com proteína, componente fundamental da molécula que pretendia criar. Como a ideia de usar sangue não lhe agradava, ele procurou uma fonte alternativa de proteína para acrescentar ao meio de cultura.

"Levei três anos para adaptar o fungo à proteína. Três anos, errando todo dia. Todo dia apodrecia tudo e tinha de jogar quilos e quilos de cultura", ele contou. "Levava o dia inteiro para filtrar um tantinho da borra do meio de cultura, depois eu testava o líquido e não dava nada." Perder tudo o que tinha feito o deixava em um mau humor monumental. Havia também a angústia de não saber que caminho seguir. "Passava noites em claro, na cama, pensando; se eu fosse um fungo, iria agir assim... Amanhecia com a ideia firme do processo que teria de fazer, mudava e dava certo", disse ele. "Três anos cultivando e tirando, cultivando e tirando, até que uma cepinha produziu uma coloração no meio de cultura. Testei, era um ácido.[34] Falei: 'Olha aqui o que eu quero'. Essa cepa foi a única que consegui, depois de três anos, adaptar à proteína."

Como alternativa de custo mais baixo aos aminoácidos, os blocos que formam as proteínas, ele fez um extrato de proteína que chamava de *baby beef*, cozinhando carnes como o músculo bovino até obter um líquido espesso, depois filtrado. O resultado era uma solução concentrada de proteína pré-digerida, que o fungo deveria integrar aos outros componentes da molécula. "Incluir caldo de carne no meio de cultura foi uma das grandes sacadas de meu pai", disse Iseu. Odilon encontrou, testou e adotou outros ingredientes de baixo custo, como gelatina, aveia e palha de arroz, que formavam uma combinação rica em nutrientes que os fungos pareciam aprovar.

Encontrar e integrar ao meio de cultura um elemento químico com carga elétrica oposta à da célula tumoral, de acordo com sua hipótese de trabalho, foi outra luta demorada, que começou com um episódio prosaico. Como aproveitava os materiais à mão, Odilon colocava o fungo para crescer em uma assadeira de alumínio, normalmente usada para assar bolos ou carnes. Um dia ele notou que o fundo da assadeira estava corroído, indicação de que o fungo estava incorporando o alumínio, que deveria ser evitado por ser tóxico para o organismo. Ele começou a usar fôrmas de vidro, usadas para guardar comida ou balas, que o fungo não corroía, mas não se esqueceu da afinidade do fungo pelo alumínio. Seus livros de química chamaram sua atenção para o metal que ocupava a casa anterior à do alumínio na tabela periódica dos elementos químicos. Era o magnésio, que fazia parte da molécula de clorofila, essencial para as plantas obterem energia por meio da fotossíntese, e da respiração celular. O magnésio poderia ser o íon metálico que, de acordo com sua teoria, uma proteína levaria até as células tumorais, matando-as. Outra vez em busca de alternativas de baixo custo, ele encontrou um fornecedor de água rica em magnésio extraída de um poço semiartesiano perto da cidade. Odilon a adotou no meio de cultura e o fungo parecia incorporar o magnésio, como ele imaginara.

Seu próximo problema: onde testar os extratos produzidos pelo fungo? A resposta estava em seu próprio quintal, espaçoso a ponto de abrigar muitas árvores e animais de criação, como um pequeno sítio em meio à cidade. Seu primeiro teste foi em uma das galinhas que os clientes do consultório lhe traziam e viviam ali. Na cabeça de uma delas Odilon encontrou o que identificou como um tumor de Rous, de origem viral. Para tratá-lo, aplicou seu extrato, matou o tumor e a galinha engordou.

Uma epidemia de vírus Newcastle, virose normalmente fatal em aves, que paralisa os músculos e causa morte por inanição, serviu para um teste comparativo. Ele separou as galinhas que apresentavam os primeiros sintomas da virose e tratou uma parte com seu extrato e outra com antibióticos comuns. "As que tomaram penicilina e terramicina morreram todas", relatou. "As que receberam o extrato estavam todas de pé no segundo dia de tratamento, correndo, sem qualquer paralisia."

A história de um galo que dormia em uma jabuticabeira do quintal revela, outra vez, seu senso de oportunidade e sua liberdade para agir e pensar. O galo tinha se prendido na árvore e passado a noite se debatendo, de cabeça para baixo. Pela manhã, ao ver que o animal tinha fraturado a perna e estava com um osso exposto, ele pensou em fazer mais uma experiência. Deixou o infeliz galináceo se arrastar na terra e após alguns dias se formou uma grande e mal cheirosa gangrena. Ele aplicou duas injeções com sua substância na coxa da ave, que se recuperou, e depois cortou a perna lesada. O galo perneta viveu mais alguns anos.

Os resultados com as galinhas e o galo indicavam que ele estava no caminho certo, mas teria de passar para outros animais, os camundongos, bastante usados como animais de experimentação por serem pequenos e reproduzirem fenômenos biológicos similares aos que ocorrem em seres humanos. Como a galinha com tumor, o primeiro camundongo com câncer apareceu de modo inesperado. Odilon estava cuidando dos animais no quintal quando viu um camundongo – uma fêmea – com algo estranho, que ele identificou como um tumor de mama. Ele aplicou o extrato do fungo, viu sinais de regressão do tumor e quis registrar o episódio com uma foto, que constitui a recordação mais antiga de Iseu da pesquisa do pai: ele, com seis anos, em 1962, vestindo um pijama com desenhos de girafas azuis e vermelhas, segurando um camundongo com tumor pelo rabo, enquanto o pai tirava a foto, que se perdeu. O médico cientista concluiu que precisava de mais camundongos para testar seu composto e certificar-se de que aquele não foi um resultado ao acaso. Mas onde conseguir outros animais com câncer?

▪ Muitas gaiolas com camundongos em casa

Em busca de animais adequados para testar a eficácia dos compostos que extraía dos fungos, Odilon conversou com uma amiga e madrinha de sua filha Silmara, Quinha Lott, que coordenava a Liga Feminina de Combate ao Câncer na região de Birigui e arrecadava donativos para o Hospital do Câncer de São Paulo. Ela sugeriu que ele procurasse Carmen Prudente em São Paulo. Jornalista gaúcha, filha de imigrantes açorianos, Carmen de Revorêdo Annes Dias Prudente era esposa do médico Antônio Prudente Meirelles de Moraes, que havia criado o Hospital do Câncer de São Paulo. Em funcionamento desde 1953 no bairro da Liberdade, o hospital era o primeiro construído com dinheiro da população, sem ligação com governo, organizações religiosas ou colônias de imigrantes. Era o resultado de uma intensa campanha popular de arrecadação de donativos liderada por Carmen Prudente.

Quando Odilon, seu amigo Bento Lopes e um amigo de Carmen Prudente, que os apresentou, foram ao Hospital do Câncer, em 1964 ou 1965, Antonio Prudente vivia no Rio, com uma artrite reumatoide intensa (ele morreu de infarto em 1965). Odilon ficou impressionado com a receptividade: "Dona Carmen me recebeu no gabinete dela, com educação, elegância. Elogiou minha pesquisa, ficou admirada. Falei que precisava de camundongos com câncer para dar continuidade aos meus estudos, ela achou interessante e se propôs a ajudar. 'Vou falar com um diretor do hospital, Erlich, para vocês tirarem os ratos', ela disse".

O diretor do centro de pesquisa, David Heiz Erlich, não foi tão receptivo. Como outros médicos, Erlich tinha interesse em novos medicamentos que reduzissem a necessidade ou a extensão das cirurgias – os médicos extirpavam uma área ampla próxima dos tumores para evitar que o câncer reaparecesse –, mas estava com um pé atrás após ter recebido um homem carregando uma garrafa com um líquido pedindo que o testasse em animais e garantindo ser ativo contra tumores. "Fiz a bobagem de assinar um papel atestando que tinha recebido o material, depois saiu em um jornal de Porto Alegre uma matéria contando que eu apoiava aquela pesquisa, com uma reprodução do documento", ele disse.

Nascido em Recife, David Erlich morava no Rio quando Antonio Prudente o convidou para trabalhar no hospital paulista, mas as coisas não correram como ele desejara. O centro de pesquisa era, como ele disse, "uma casa velha", inicialmente um sobrado da rua Tamandaré, 764, e havia camundongos "até em gaiola de passarinho", sinal de uma precariedade que o desagradava profundamente.

Enquanto Odilon conversava com David Erlich, Bento Lopes perguntava aos funcionários do centro de pesquisa sobre a possibilidade de lhes fornecer os camundongos. Em outubro de 2010, aos 74 anos, o ex-técnico de laboratório Otávio Modesto se lembrou remotamente dos visitantes de Birigui e contou que fornecia camundongos quando o chefe autorizava: "Para quem comprovasse que ia testar algo, Dr. David autorizava dar camundongos já com tumores implantados", ele disse. Mineiro de Uberlândia, Otávio Modesto implantava dois tipos de tumores – o linfossarcoma 180, sólido, e o carcinoma ascítico de Ehrlich, líquido –, marcava as costas dos animais com mertiolate para diferenciá-los e injetava extratos de plantas consideradas antitumorais promissores como o ipê-roxo, que um colega bioquímico preparava.

David Erlich, ao saber que Odilon Nunes trabalhava com câncer, mostrou um camundongo com carcinoma ascítico tratado com ipê roxo: "Estou com um dia de sobrevida, porque esse camundongo com câncer ascítico morre entre cinco e oito dias". O visitante questionou: "Mas como, professor? Se o carcinoma ascítico mata entre o quinto e o oitavo dia, se o senhor está no sexto dia, não pode dizer que tem um dia de sobrevida. Os meus, não. Cheguei a 51 dias de sobrevida. Depois passei a câncer externo porque era mais fácil de tratar". A conversa não avançou. David Erlich mostrou uma fotografia ampliada com um resultado do tratamento com ipê roxo e disse que a mancha na pele de camundongo era necrose do tumor. O visitante levantou outra possibilidade: poderia ser impregnação de tanino, não necrose.

David Erlich não se lembrou de Odilon Nunes nem das conversas de 46 anos antes: "Não quero relembrar esse tempo. Hoje estou em outro mundo". Ele abriu um consultório em 1972 e deixou o hospital em 1985, quando o centro de pesquisa passou por uma profunda reforma ao receber o apoio financeiro do milionário americano Daniel Ludwig. Em setembro de 2010, aos 83 anos, era o mais experiente entre os médicos da Clínica David Erlich, em São Paulo.

* * *

"Acredito no que eu vi", disse Bento Lopes, 72 anos, baixo e encorpado, pele clara, cabelo loiro curto, sentado atrás de uma das mesas de trabalho do primeiro andar da Associação Esportiva Cultural Nipo-Brasileira de Birigui, que ele ajudava a gerenciar. "Vi o angu na assadeira. Vi injetar e pôr na gaiola. Odilon passava horas e horas injetando e tratando os camundongos, com uma agulha de insulina. Cansei de ver camundongo com tumor e depois cicatrizado. Eu vi a luta do Odilon."

Ele começou a ir com Odilon para São Paulo em 1964, quando trabalhava como motorista autônomo de caminhão transportando cereais. "Eram quatro, cinco dias de viagem", disse Bento Lopes, que viajou duas vezes com o AeroWillys de Odilon – na primeira vez os dois juntos, na segunda sozinho – e depois com o Galaxy vinho e um Ford Landau branco. Várias vezes ele foi ao Hospital do Câncer e viu Otávio Modesto aplicando uma injeção com extrato de tumor e marcando as costas dos camundongos com mertiolate.

Bento Lopes era também assistente de pesquisa e frequentava o laboratório e a casa de Odilon, onde às vezes almoçava ou jantava. Quando Odilon precisava, ele buscava material para as pesquisas nas lojas próximas. Perguntado se poderia contar o que era, ele silenciou por alguns segundos e depois respondeu: "Mantenho comigo, não conto. Não quero ter remorso depois". Nesse momento, em agosto de 2010, já fazia quase dez anos que Odilon tinha morrido.

Ao voltar de São Paulo, Bento Lopes deixava os camundongos em um balcão frigorífico instalado na garagem da casa de Odilon para proteger os animais do calor intenso da cidade. O médico cientista mantinha em gaiolas separadas os diferentes grupos de camundongos – os sadios, os com tumores e os machos e fêmeas reprodutores, colocados juntos apenas para procriarem –, sempre com água e ração. Ao tratar dos animais, ele observou comportamentos surpreendentes. Uma fêmea que vivia com um macho poderia matar outra fêmea que ele colocasse na mesma gaiola. Os machos também se recusavam a dividir com outros machos o espaço em que viviam com as fêmeas e os perseguiam até matá-los. No entanto, Odilon constatou, "se pusesse um animal com tumor, o casal prestava assistência. Eu vi camundongo levar ração para outro que não podia andar, por causa de um tumor grande nas costas".

Odilon Nunes desenvolveu suas próprias técnicas para transplantar tumores. De acordo com o método convencional, o tumor era extraído de um animal e filtrado e o líquido resultante, aplicado em outros animais. Como desse modo nem sempre o tumor crescia, ele começou a aplicar uma massa não filtrada de células cancerosas, diluída em soro fisiológico, com uma taxa maior de sucesso. "Depois de quatro dias o camundongo já estava com um tumor do tamanho de uma ervilha grande. Não falhava nenhum", ele observou. "Quando eu queria que o camundongo vivesse 30 dias, eu dava 0,3 mililitro, quando eu queria que ele morresse entre 20 e 21 dias, injetava 0,5 mililitro."

Várias vezes ele quase perdeu todos os animais, como quando usou água destilada em vez de soro fisiológico. Outra vez, ele tinha de transplantar o tumor que crescia em apenas um camundongo, que já estava morrendo, e o telefone tocou, chamando-o para fazer uma cesárea. Ele embrulhou o animal em papel-celofane, deixou-o no congelador, saiu para fazer o parto, voltou às quatro da madrugada, preparou o material e transplantou o tumor do camundongo congelado para outros animais.

A despeito das circunstâncias incomuns em que trabalhava, "Odilon tinha método científico", observou Iseu. "Ele injetava extratos produzidos por fungos diretamente em animais inoculados com tumores específicos para selecionar a linhagem de fungos e os extratos que funcionavam melhor. O pulo do gato foi colocar um fungo para produzir extratos com componentes que ele achava que poderiam servir para tratar tumores. Ele não era um maluco de fundo de quintal, nem um pajé."

Os relatos dão pistas sobre os nunca formalizados princípios metodológicos de Odilon da Silva Nunes e sugerem o que ele diria a um grupo de jovens e ambiciosos cientistas: duvidem dos dogmas e do senso comum; sigam sua intuição; façam e persigam sua própria teoria, que deve ser coerente com as evidências da realidade; é melhor lidar bem e criativamente com pouca informação, usando o que tiver à mão para ajustar seus planos, do que mal e apaticamente com muita informação; sejam independentes; procurem fazer o máximo que puderem sozinhos; entrem em áreas que não conhecem; comecem algo mesmo que não saibam como continuar; contem um pouco com a sorte e trabalhem muito; e, principalmente, desconfiem, sempre, das estratégias que adotaram e do que estão vendo e fazendo.

Ele era tão cético que custou a acreditar quando as coisas começaram a dar certo. Achou que era a água que causava a regressão tumoral e mandou buscar água de Minas Gerais, mas o resultado persistia. Achou que era a ração, trocou a ração e a regressão tumoral continuava. De tão incrédulo, olhou para a janela do laboratório, viu que por ali poderia entrar vento e concluiu: "Meu Deus do Céu, é o vento de Birigui que cura! Aí minha esposa falou: 'Ficou louco?' Eu queria eliminar todas as hipóteses". Anos depois um capitão de Brasília perguntou qual tinha sido a emoção dele ao curar o primeiro camundongo. "Falei: 'A mesma que o nascimento de um filho...'"

Finalmente ele contou por que entrou nessa aventura de fazer um remédio contra câncer, tendo tão pouco, gastando o próprio dinheiro, cultivando fungos e criando camundongos na garagem: "Quero provar para mim mesmo que sou capaz de fazer alguma coisa diferente", ele disse. "Não me contento em ser médico, eu quero criar."

Quando Marcela Haun, primeira esposa de Nelson Duran, químico e professor universitário que trabalhou com Odilon, disse-lhe que ele iria longe se estivesse em uma universidade, ele discordou: "Estaria morto... Se precisasse de um reagente, teria de fazer um requerimento e a pesquisa ficaria parada. E com o meu dinheiro, eu compro. Como sou livre, posso trabalhar dia e noite, não sou obrigado a fechar, nem ir embora".

"Os Silva Nunes não suportam ser controlados", concluiu Valéria da Silva Nunes, filha mais velha de Hélio, irmão de Odilon. "Eles pegam coisas difíceis para fazer e não descansam até conseguirem. São independentes, desbravadores, procuram caminhos novos." O pai dela teve uma fábrica de relógios, faliu e montou um escritório de direito empresarial. Hélio e Odilon tinham temperamentos semelhantes: "Eram pessoas intensas, no certo e no errado", ela observou. "Eram geniais e geniosos, divididos entre o desejo e a fúria. E muito tímidos."

- Na Santa Casa

Em 1970, Odilon Nunes examinou com interesse acima do habitual uma mulher com supostos 93 anos, em estado grave, cardíaca e com os lábios tomados por verrugas disformes cobertas por uma crosta, que tinha sido internada na Santa Casa de Birigui.[35] Ele concluiu que as verrugas eram um carcinoma espinocelular, um tipo de câncer de pele, pensou que poderia ser uma oportunidade para testar seu extrato vermelho – nessa época, testar novos medicamentos era muito mais simples do que hoje, bastando uma autorização de consentimento dos pacientes – e procurou seu colega Nelson Cruz: "Nelson, vamos usar? Você me acompanha?". O outro médico o apoiou: "Odilon, estou aqui para o que você precisar". Odilon já tinha lhe mostrado fotos dos camundongos tratados e contado dos resultados em galinhas, no galo e em um gato da família. "Nessa fase inicial", Nelson Cruz observou, "ele usou só em pacientes terminais, e não foram muitos, não chegaram a cinco".

Odilon convenceu a enfermeira-chefe, Irmã Germana, de que precisava fazer o teste. Ela dispensou o médico que atendia a mulher e a levaram para um quarto no fundo do hospital para cuidarem dela com a maior discrição possível. Muitos anos depois, ao examinar uma das reformas do hospital, Nelson Cruz se viu no mesmo quarto, então abandonado, e se lembrou da tensão que vivera ali com Odilon e a freira. Irmã Germana aplicou o líquido vermelho e, vendo a reação da mulher, Nelson Cruz concluiu: "Doía pra caramba". Odilon relatou: "Apliquei às 10 da manhã. Às duas da tarde fui ao banco e um conhecido bateu nas minhas costas: 'Foi tudo bem aquela experiência que você fez hoje lá, não é, Odilon?' 'Não, não teve experiência nenhuma.' 'Fica entre nós, mas teve.' 'Não, o senhor está ficando louco'", ele recordou, sem saber quem poderia tê-los visto tratando da mulher.

Odilon contou ao filho da paciente que estava aplicando um remédio novo e ele o apoiou, vendo que a mãe estava sendo bem cuidada. Nelson Cruz admirou-se com a regressão rápida do tumor: "Em dez dias estava circunscrito, formou um ponto preto bem grande. Foi uma surpresa até para Odilon". Apesar de não ter ocorrido qualquer reação indesejada do organismo, como Odilon temia, o estado de saúde da paciente era grave: "A mulher começou a se alimentar por sonda, mas de uma hora para outra entrou em um quadro de anemia, que se agravou, e ela morreu", Nelson observou. "Eu disse para Odilon: 'Ela faleceu melhorada, você tem de continuar insistindo na droga'."[36]

A segunda pessoa a ser tratada foi um homem de 82 anos que tinha vindo de um asilo e não podia mais se alimentar por causa de um câncer no esôfago. Depois de lhe aplicar soro fisiológico, Odilon começou o tratamento com o extrato vermelho. "Vinte dias depois ele vomitou uma bola de câncer seco", relatou. "Ele estava comendo, passava tudo, uma beleza." O homem parecia bem – uma radiografia havia indicado que o esôfago estava desobstruído –, mas precisou de uma transfusão de sangue por causa de uma anemia e morreu logo depois.

Odilon aplicava seu composto em pacientes terminais "com uma insegurança danada", ele reconheceu. Ficava ansioso, perdia o sono. Tinha medo de desacreditar o trabalho que havia feito e imaginava: "Vai ser um fracasso". Ao mesmo tempo, os manuais médicos recomendavam a aplicação de medicamentos experimentais exatamente em casos terminais, nos quais não se esperava nenhum resultado: se houvesse algum efeito benéfico, a droga merecia ser mais estudada. As primeiras aplicações o animavam, ao indicar que o extrato vermelho do fungo, uma combinação de muitos componentes, poderia funcionar em seres humanos, mas ele sabia que teria de usar uma substância pura e estável para obter resultados mais precisos e reprodutíveis. Seu composto não conseguiu deter um câncer no maxilar de um homem que tinha vindo de São Paulo, agindo apenas nas camadas mais externas, sem deter o crescimento tumoral no interior do osso.

Um dia Odilon se impressionou ao ver que um menino de seis anos, conduzido pelos pais para dentro de seu consultório, respirava por meio de um tubo de oxigênio. Os pais queriam que ele usasse o remédio para tratar a leucemia do filho, Odilon se recusou, mas o casal conseguiu uma autorização judicial e ele teve de aplicar. Vinte dias depois do início do tratamento, ele contou, "o menino estava correndo pelo quintal". Em uma das transfusões de sangue, porém, uma reação ao sangue de outro doador causou um choque anafilático. Quando Odilon chegou ao hospital, o menino já tinha morrido. Cecília, a filha mais nova, lembrou-se dessa história por outra razão: "Foi a única vez que vi meu pai chorando". Na época, a irmã mais velha de Odilon, Jandira, na casa dos 50 anos, soube que tinha câncer de ovário. Ele gostava muito dessa irmã, que foi, como ele disse, "aquela que me ensinou, a minha professora...". Odilon se afligiu porque seu medicamento ainda não estava maduro como ele gostaria. Mesmo assim, com cuidado, aplicou o extrato, como reforço ao tratamento principal. Estava indo bem, mas depois "fizeram a burrada", que ele não detalhou, provavelmente se referindo a alterações no tratamento. Jandira morreu quatro anos após o diagnóstico.

* * *

Cansado de viver na fazenda, Accacio, pai de Odilon, comprou uma casa cinza e branca na rua Barão do Rio Branco, 900, esquina com a Nilo Peçanha, e morreu logo depois, em 25 de setembro de 1956, aos 73 anos. Leocádia, mãe de Odilon, viveu ali por mais de 30 anos em companhia de Francisca Pires Santana. A casa parecia um hotel, gente entrando e saindo, malas espalhadas. Odilon visitava a mãe quase todo dia na hora do almoço, acompanhava a saúde dos empregados da fazenda, que seu irmão Wilson trazia em uma caminhonete, e às vezes atendia aos hóspedes da casa. Flávio, filho mais novo de Riolando e Hortência, foi um deles. "Eu estava em férias em Birigui, devia ter oito ou nove anos, tive febre, devia ter tomado muito sol", ele contou aos 42 anos, em outubro de 2011; era comissário de bordo da KLM, morava na Holanda e estava em São Paulo para visitar a mãe. "Dona Francisca ligou e ele veio, às três da madrugada", ele relatou, lembrando-se do tio naquela noite – sério, voz grave, jaleco branco, bigodes, óculos. "Ele pediu para tirar a camisa, escutou o coração e disse que era para eu não exagerar. Quando eu estava lá, eu me esbaldava. Passava o dia inteiro na rua jogando bola ou na piscina do Clube Pérola."

Flávio entrou pela primeira vez no consultório do tio em agosto de 1992, acompanhando a irmã Eliana, que estava com Aids e não queria tomar AZT por causa dos efeitos colaterais intensos. "Minha irmã foi uma das primeiras vítimas heterossexuais da Aids no Brasil", disse ele. Ao ver a filha abatida por uma pneumonia, a primeira das doenças oportunistas que se manifestara, Riolando telefonou para o irmão: "Odilon, milha filha quer ser medicada por você". Odilon conversou durante uma hora com Eliana, Flávio e Jazely, a filha mais velha de Riolando, explicou um pouco da pesquisa e se dispôs a ajudar. "'Não é a solução', ele disse. 'Alimente-se bem, descanse muito, reze muito, tome meu remédio'", relatou Flávio. Durante meses Eliana tomou o SB-73, que chegava por correio, mas não foi possível deter a doença. Ela morreu no dia de Natal de 1994. Riolando tinha morrido de infarto um ano antes.

- Fazendo sabão

Odilon estacionava o Galaxy no pátio gramado da Biol, a Birigui Óleo, fábrica de óleo de algodão e amendoim cultivados na região, seguia até o laboratório, sentava-se em um dos bancos de madeira em frente ao balcão com equipamentos e vidros e anunciava para Ápio Fogolin, que coordenava as análises químicas: "Fiz um ótimo sabão! Que bonito...". Ápio ria com discrição quando Odilon, sem solenidade, contava que tinha feito sabão, sabonete, creme ou xampu ao tentar purificar a substância responsável pela regressão tumoral do extrato produzido pelos fungos. As bolhas de sabão eram o resultado indesejado da reação entre uma base química, o hidróxido de sódio ou soda cáustica, e o extrato, que era ácido; ácido e base, ao se combinarem, formam sal e água; o problema era que o sal, que se queria isolar, não aparecia. Ápio oferecia alternativas – sulfato de sódio, carbonato de sódio, ácido clorídrico ou mesmo hidróxido de sódio em diferentes concentrações –, além de fenolftaleína, pó branco solúvel em álcool usado como indicador de acidez, que se mantém incolor em soluções ácidas e torna-se rosa nas básicas.

"Odilon não se sentia melindrado em procurar ajuda", lembrou Ápio em agosto de 2010, ao lado da esposa, Josette, na espaçosa sala da casa de um condomínio para onde haviam se mudado com os filhos sete anos antes. Um gramado bem cuidado ocupava a frente da casa, sem cercas ou muros, e no amplo quintal com grama cresciam árvores já com quase dois metros de altura. Aos 70 anos, alto, magro, olhos azuis, neto de imigrantes do norte da Itália, Ápio Fogolin foi o interlocutor científico de Odilon durante dez anos, mas achava que tinha feito pouco porque muitas vezes não encontrou a solução para os problemas do amigo. Ápio lhe emprestou dois livros, *Química Orgânica*, de Louis Fieser e Mary Fieser, e o volume 2 de uma edição de 1956 da *Enciclopédia Labor*, com capítulos sobre geoquímica, bioquímica, cristalografia e atomística, dos quais não se lembrava mais quando Odilon os devolveu, mais de dez anos depois.

* * *

"Esse não quero, não sei por quê. Não me agradou, não é esse", dizia Odilon, enquanto descartava os possíveis antibióticos que encontrava à medida que modificava o processo de produção e de purificação, em busca da molécula que desejava. "Está mais na frente, sei que está mais na frente." Foram três anos até definir a melhor composição do meio de cultura para o fungo e outros 13 até extrair o composto ativo – o sal, como ele dizia – do extrato vermelho, em 1973.

Para separar os cristais do extrato, Odilon usou praticamente todos os produtos químicos ao seu alcance, seguindo as informações que encontrava em livros de química e as sugestões de Ápio Fogolin. Nada funcionou. Iseu é que sugeriu ao pai que usasse acetona, solvente que Fleming utilizou para extrair a penicilina do líquido produzido pelo *Penicillium*, como ele tinha lido em uma revista *Conhecer*. Odilon adicionou acetona ao extrato do fungo, ao qual já havia acrescentado uma substância básica que facilitava a separação dos componentes sólidos, agitou a mistura e viu os cristais se formarem e se depositarem no fundo de uma jarra de cristal. O dia em que os cristais apareceram pela primeira vez "foi uma festa em casa", lembrou-se Cecília, filha mais nova de Odilon, "mas foi a partir de uma sugestão de Iseu e meu pai nunca deu o crédito".

Não era o bastante, porém. Era preciso confirmar se os cristais é que de fato eram os componentes responsáveis pela atividade antitumoral. Se não fossem e se o composto com atividade farmacológica fosse outro ou outros – a ação de um extrato de fungo ou de planta pode ser o efeito da ação combinada de vários compostos –, todo o trabalho de purificação seria perdido. Mas Odilon teve sorte – ou sua intuição estava certa. Ele diluiu e injetou os minúsculos grãos em camundongos com linfossarcoma 180, comparados com animais tratados com extrato e outros sem tratamento. Os tumores dos animais tratados com os cristais e com o extrato vermelho apresentaram resultados semelhantes e começaram a regredir. Ao isolar o componente puro responsável pela ação antitumoral, Odilon concluía mais uma etapa de seu trabalho, resolvia vários problemas e assegurava a confiabilidade de seus resultados. Se antes o extrato vermelho, mesmo seco, estragava em pouco tempo, agora ele tinha um composto estável e durável e, além disso, poderia quantificar os resultados com precisão, associando doses maiores ou menores à maior ou menor regressão tumoral. Muitos anos depois ele viu os desejados cristais em uma imagem de microscopia eletrônica, na forma de pirâmides cortadas logo abaixo da ponta.

* * *

Ennio Peres da Silva, amigo de Iseu, foi um dos poucos moradores da cidade que conheceu o trabalho de Odilon. Ennio tinha três primos em comum com Iseu, que era apenas alguns meses mais velho – ambos nasceram em 1956. Os dois estudaram juntos no antigo primário em uma escola pública, a Robert Clark, e o ginásio e o colegial em outra escola pública, a Stélio Machado Loureiro. Os professores perceberam que os dois gostavam muito de ciências. No terceiro ano do colegial, o professor de química, Reynaldo Cisotto Gianecchini – pai do ator Reynaldo Cisotto Gianecchini Júnior, cuja mãe, Elisa, era professora na mesma escola – abria para eles e talvez para poucos outros estudantes o laboratório da escola, onde podiam ver os potes de vidro com animais e substâncias químicas.

Filho de um contador que gostava de caçar, Ennio vendia jornais velhos para comprar a revista *Ciência Ilustrada* e uma ou outra caixa com os experimentos de *Os Cientistas*. Os livros se tornaram fundamentais para a vida deles, como Iseu reconheceu, anos depois: "Foram os livros que nos tiraram de lá. Sempre imaginamos outros mundos". Inspirados pelas notícias sobre as viagens da Apollo e da conquista da Lua ao longo da década de 1960, os dois construíam foguetes. As versões mais simples eram de tubos de alumínio de antenas de televisão. As mais ousadas, de tubos de PVC ou papel cartonado preenchidos com pólvora. Nem tudo saía como previsto: "Queimei o cabelo e as mãos muitas vezes", recordou Ennio.

Quando visitava Iseu, Ennio via as bandejas em que os fungos cresciam. Mesmo Iseu via pouco do que o pai fazia, "para não estar falando bobagens com os outros moleques aí pela rua", argumentou o precavido Odilon. O cientista que era humilde para atender aos menores caprichos dos fungos se deixava vencer pelo orgulho de ser um dos médicos mais famosos da cidade: "Eu mantinha um segredo danado", ele justificou, "porque... 'E se eu fracassar?'" No final de 1974, de férias em Birigui após ter se mudado para São Paulo para cursar física na USP, Ennio encontrou Odilon animado: ele tinha descoberto que os camundongos estavam morrendo porque estava aplicando uma dosagem muito alta do composto, problema fácil de resolver, apenas reduzindo a dosagem. "Notei a satisfação dele de poder conversar com alguém", disse Ennio. "Imagino a angústia de Odilon por não ter ninguém com quem falar sobre a pesquisa dele." Ápio estava agora na Birigui Ferros e viajava muito, Bento Lopes tinha se mudado para o Mato Grosso.

Ennio se tornou uma autoridade nacional em física do hidrogênio – foi um dos coordenadores da construção de dois protótipos de carros movidos a hidrogênio – e em 2009, cabelos brancos, voz pausada, em sua sala do laboratório da Unicamp, lembrou-se de Odilon como um colega cientista. "Odilon fez milagre, porque as condições para fazer pesquisa em Birigui eram nenhuma", ele comentou. Os laboratórios da Biol e da Anderson Clayton, outra fábrica de óleo cujo laboratório o médico às vezes usava, eram rudimentares e voltados a aplicações industriais, não a pesquisas. O conhecimento e a intuição compensavam a falta de equipamentos. "Odilon sabia o que estava fazendo. Entendia de imunologia, de fisiologia, do corpo humano", ele concluiu. "Se fosse mais arrojado, poderia ter saído de lá. Por que não saiu? Se estivesse em Campinas e aproveitado as horas de folgas para ir à Unicamp, teria avançado mais rapidamente. Não veio porque, se viesse, teria de dividir. Sempre notei que ele queria manter o controle sobre o que fazia."

- Esperança e outros cães

Em 2010, Silmara mostrou a Iseu dois cachorros que mal andavam de tanta sarna. Iseu achou que não haveria como salvá-los e sugeriu que ela os sacrificasse, mas ela não aceitou, insistiu e por fim o convenceu a usar as sobras de P-Mapa que não conseguiam retirar dos filtros de papel, em uma das etapas da produção de que agora cuidavam juntos. Os cães se recuperaram e logo estavam outra vez cobertos de pelos brilhantes. Três anos antes, uma *cocker spaniel* chamada Luni, de 11 anos, andava com dificuldade por causa de uma crise de artrite e de uma infecção de bexiga que os antibióticos não resolviam. Poucos dias depois de receber a primeira injeção de P-Mapa, estava animada, aparentemente sem dor, e a infecção parecia ter desaparecido. Os cães certamente defenderiam o trabalho dos Silva Nunes com unhas e dentes, porque puderam aproveitar sem restrições dos benefícios dos cristais de Birigui, diferentemente das pessoas.

O primeiro cão tratado com os cristais puros, entre 1975 e 1980, foi uma cachorra que ganhou o apelido de Esperança. Trazida de um bairro próximo, quase sem pelos, Esperança tinha 16 anos e estava prostrada, mal andava, com muitos tumores nas mamas. Odilon deixou-a descansar no quintal antes de aplicar uma solução com os cristais extraídos do extrato do fungo. Em duas semanas a cachorra estava animada e tinha recuperado peso e pelos. Quando morreu, mais de um ano depois, Odilon e seu sobrinho veterinário, Murilo Nunes Mazetto, abriram-na e encontraram uma massa escura de tumores no fígado e nos pulmões, cuja evolução o tratamento aparentemente havia retardado. Por essa época, o gato da família, Xunheco, é que se apresentou como voluntário ao voltar da rua com um ferimento grande no pescoço, provável resultado de uma briga. O ferimento formou um abscesso, que estourou, formando uma cratera em carne viva. Odilon aplicou algumas injeções com seus cristais, o abscesso secou e fechou e o pelo voltou a nascer no pescoço do gato, que morreu anos depois de pneumonia.

Animados com o que viam nos primeiros testes em animais, Odilon e Iseu conseguiram outros cães com Murilo Mazetto e outro veterinário, Francisco Maroni, ou com ajudantes de veterinários, que ajudavam a aplicar o SB-73 para tratar principalmente cinomose e parvovirose, doenças causadas por vírus, e também câncer. Murilo acompanhava o tratamento de cada animal. Um de seus relatórios, datado de 16 de março de 1981, continha cópias das fichas com os nomes e a evolução do estado clínico de 13 animais com cinomose tratados com SB-73; nove se recuperaram e quatro morreram. Suas observações indicavam que os animais haviam tolerado bem a dosagem aplicada, sem efeitos colaterais visíveis, e a doença regredido: "A temperatura caiu sensivelmente nos animais tratados com SB-73", ele registrou, "diferindo sensivelmente nos casos tratados com outros antibióticos, nos quais a temperatura caía lentamente, fazendo com que os animais tivessem uma recuperação mais lenta". Os animais apresentavam uma recuperação superior a 90% somente quando medicados no início da doença, quando os vírus ainda não haviam se instalado no sistema nervoso central.

Odilon, Murilo e Iseu seguiram com relativa calma até terem de usar o SB-73 intensivamente para deter a epidemia de parvovirose que se espalhou pelo Estado de São Paulo na década de 1980. Os antibióticos não funcionavam com a rapidez e eficácia esperadas. Em 1981, eles e um grupo pequeno de veterinários trataram cerca de 250 cães, medicados durante três dias seguidos. Quando começavam a tratar os animais logo após o aparecimento dos primeiros sintomas, a recuperação era superior a 95%, de acordo com os relatórios de Murilo. Dos 18 animais medicados, 16 se recuperaram e dois morreram. Os testes em cães indicavam que o SB-73, que ganhava as ruas, poderia de fato ter eficácia e os resultados *in vivo* obtidos antes não eram casuais. Odilon colaborava com especialistas de outras áreas pela primeira vez, deixando para trás sua solidão e montanhas de medos e dúvidas.

A notícia sobre um remédio novo contra parvovirose se espalhou entre veterinários de outras cidades. Odilon e Murilo receberam muitos pedidos do medicamento para tratar animais em pleno surto epidêmico, mas não podiam atender porque mal tinham em quantidade suficiente para eles próprios usarem. A confusão maior começou logo depois. Um dia Murilo saiu para atender Gelly, o cão do proprietário do jornal da cidade, *O Biriguiense*, que já havia perdido dois outros por causa da parvovirose. Murilo assegurou que aquele não morreria. Vendo o cão novamente sadio em dois dias, o dono do jornal confirmou que o remédio era mesmo o SB-73, ainda aplicado com discrição. A notícia de que os cachorros de Birigui conseguiam escapar da parvovirose saiu no *Biriguiense* e mobilizou uma equipe da TV Cultura. "Tive que dar uma entrevista", Odilon contou, lamentando que não a assistiu porque naquela época as transmissões da TV Cultura não chegavam a Birigui.

O programa atraiu mais donos de cães e de canis interessados no medicamento que Odilon não poderia fornecer porque não tinha mais: havia distribuído entre os veterinários todos os seis gramas de SB-73 que produzira nos últimos tempos. Por sua vez, em outubro de 1980, o *Estado de São Paulo* publicou uma reportagem intitulada "Em Birigui, 'doença está controlada'".[37] Em menos de dois meses outra reportagem contava que o médico Odilon da Silva Nunes havia conseguido obter um antibiótico que se mostrara eficiente para tratar doenças de animais e já era usado experimentalmente em pessoas com câncer. Odilon se mostrou cauteloso, alertando que se tratavam de testes iniciais, e otimista, comentando que o medicamento poderia "abrir novas perspectivas para a medicina".[38] Por meio do jornal, os diretores do Conselho Regional de Medicina souberam que ele estava tratando pessoas com câncer, não gostaram e o chamaram para uma audiência em São Paulo. Uma comissão do Conselho alegava que ele não estaria seguindo os trâmites legais de pesquisa, mas fazendo propaganda profissional, não permitida pelo Código de Ética Médica. Odilon argumentou que fazia pesquisas em animais e não em seres humanos. Mesmo assim, a acusação tomou a forma de um processo que terminou três anos depois com uma advertência sigilosa por escrito.

O médico cientista saía do casulo, sem abdicar de seu estilo ou se curvar às autoridades. Foi assim também quando ele arriscou conversar com Celso Martinelli, professor de patologia recém-chegado à Faculdade de Odontologia de Araçatuba, cidade vizinha a Birigui.

- De volta à universidade

Poucos dias antes de me receber no escritório de sua casa em Ribeirão Preto, na tarde de um sábado, 3 de julho de 2010, Celso Martinelli encontrou, sem esperar, uma caixa de lâminas de vidro para microscópio com uma etiqueta escrita a mão: "B-1.2.3.4.180 Sarcoma – cicatrização total Autópsia de cobaia". Ali dentro havia quatro blocos de parafina com amostras de tumores extraídos provavelmente de camundongos e de um cachorro, talvez Esperança, e 33 lâminas de tecidos com diferentes colorações e as identificações manuscritas, "sarcoma 180", "ferida com cicatrização", "cicatrização total". Esse material tinha sido produzido pelo menos 35 anos antes, entre 1970 e 1975, e comprovava a primeira colaboração científica de Odilon com o professor de patologia Celso Martinelli na Faculdade de Odontologia de Araçatuba, mais tarde uma das unidades da Universidade Estadual Paulista (Unesp).

Odilon visitava-o no prédio da rua José Bonifácio, no centro da Araçatuba, e a partir de 1970 no *campus* novo, na rodovia Cândido Rondon, entre Araçatuba e Birigui. Embora reticente, deve ter gostado de apresentar seu trabalho a um professor universitário que, como cientista, também guardava suas frustrações. Anos antes, estudando a enervação em tecido tumoral, Martinelli suspeitou que as células do sistema nervoso pudessem produzir substâncias capazes de conter o crescimento dos tumores, mas não conseguiu avançar. "Ninguém deu importância", lamentou. Anos depois outros pesquisadores confirmaram que as chamadas células de Schwann, além de revestirem os nervos, participavam de processos inflamatórios ligados ao combate às células tumorais.

"Ele chegava de surpresa. Quando aparecia, as aulas paravam, eu tinha de largar o que estava fazendo para atender. Uma hora era pouco. Eu gostava muito do Odilon." Martinelli ainda era uma figura imponente aos 73 anos, cabelos brancos, alto, magro, ereto, voz poderosa e o olhar inquieto de quem tinha pouca paciência para ideias e pessoas que tentavam fugir de seus planos. Tinha a fama de ter sido um professor severo. Paulista de Santa Rosa do Viterbo, fez o curso de patologia em Ribeirão Preto e aos 23 anos começou a dar aulas em um instituto estadual de ensino superior de Piracicaba ligado à Unicamp. Em 1964, indicado por um professor, mudou-se com a família para Araçatuba e assumiu a chefia do departamento de patologia da futura faculdade da Unesp, que ainda funcionava no centro da cidade como um instituto isolado de ensino superior.

Sua chegada atraiu os médicos da cidade, que lhe pediam ajuda nos exames. Apareceu também Odilon, que lhe disse que isolava de uma bactéria, não de um fungo, uma substância com ação antitumoral. "'Como é que extrai?', eu perguntava. 'Isolo pela cor e pelo cheiro.' 'Aplicou como?' 'Subcutânea local.' Ele injetava nas costas, direto no tumor, um tumor tão grande que o animal caía", espantava-se Martinelli. "Ele conseguiu linfossarcoma 180, não sei como! Lá por 1972 ou 1973 comecei a achar que havia algo de muito sério nisso tudo." Martinelli preparou as lâminas com as amostras de tumor que Odilon havia coletado e colocado em um vidro com formol, examinou-as e evidenciou uma regressão tumoral. Para conferir, consultou colegas da USP de Ribeirão Preto, que concordaram com sua conclusão, mas depois riram quando ele contou do médico de Birigui.

Martinelli tentou convencer Odilon a fazer uma pesquisa científica formal, e Odilon não deve ter gostado – outra vez, como em Curitiba – das regras tradicionais de produção científica, que implicavam revelar o que ele queria manter em segredo. Martinelli queria ajudar, mas também não queria arriscar seu prestígio acadêmico apoiando um médico rebelde. Matinelli era rigoroso e vulcânico, orgulhava-se de ser o primeiro a chegar e o último a sair, queria manter tudo sob seu controle e se zangava se via algo errado ou sentia algum cheiro desagradável no biotério, que tinha de estar sempre impecável.

"Dr. Odilon vinha toda semana", relatou José Marcelo Tramarin, que começou a trabalhar como técnico do laboratório de patologia em 1979. "Um dia, eles falaram sobre sarcoma 180 e queriam as lâminas. Eu que achei, estavam jogadas pelo laboratório. Os dois brigavam muito, mas se davam bem. Um gritava com o outro, depois Odilon trazia um licorzinho para eles tomarem aqui."

Um dia Martinelli se surpreendeu: "Odilon desapareceu, não sei o que houve". Apesar dos resultados positivos – eles registravam sinais de regressão do tumor e da cicatrização dos tecidos antes lesados –, Odilon deixara, sem explicações, uma colaboração que dificilmente poderia avançar, mesmo se quisessem. Em seu laboratório, Martinelli poderia fazer apenas os estudos de sua área, patologia, e não saberia como orientar nos passos seguintes do desenvolvimento de fármacos, um campo que ia além de sua especialidade e exigia outras competências, ainda por serem encontradas.

* * *

No aeroporto de Araçatuba em meados da década de 1970, Ápio Fogolin encontrou Odilon Nunes contrariado, voltando de Brasília. "Odilon disse: 'O cara queria a pesquisa. Eu posso só acompanhar, e no final vão dividir. Não aceitei. Sei que posso perder tudo, mas assim não aceito'. Ele queria participar. Passar para outro seria como dar um filho para outro criar", comentou Ápio. Por sua vez, Bento Lopes se lembrou de uma viagem a São Paulo em que Odilon também disse não: "Ele foi com *slides*, tinha filmado, e levou dois vidros com líquido. Disseram: 'O senhor deixa aqui que nós testamos'. Odilon saiu bravo: 'Vou virar camelo desse povo?!' Nem fez a apresentação. Ele dizia: 'Se eu não conseguir, levo comigo para o caixão, mas assim não quero'".

Nelson Cruz já tinha observado: "Odilon, como negociador, era péssimo. A paciência dele era zero". Odilon lhe contava em linhas gerais das conversas com possíveis interessados em seu medicamento. "'Os caras querem comprar minha droga. Já falei para eles, faço negócio, mas tem uma condição: quero que o medicamento leve meu nome', ele dizia", relatou Nelson. "Ele achava que tinha descoberto uma droga que poderia trazer benefício para toda a humanidade e queria aparecer como primeiro, a droga era dele."

Odilon da Silva Nunes não encontrou ninguém que aceitasse suas condições, a despeito dos resultados notáveis que observava. Aos 62 anos, tinha deixado de atender na Santa Casa de Birigui e em sua clínica e vivia da renda das casas que alugava. A pesquisa foi perdendo o ritmo, até parar de vez. A contragosto ele reconheceu que não sabia como avançar e que a única forma de recolocar o trabalho em movimento seria por meio de Iseu, que naquele momento, em 1984, deveria estar em algum lugar da Amazônia. Cecília, esposa de Odilon, localizou-o e, ao voltarem a conversar, Iseu se lembrou, ela dizia: "'Volte, volte...' Eu ouvia pelo telefone, com eco, a ligação era por rádio. 'Volte, volte...'" Sem Odilon, a pesquisa não teria começado; sem Iseu, não teria recomeçado.

Parte 4

Talentos reunidos

- Uma conversa na escada

No início de 1985, Iseu Nunes deixou o Puma bege-claro em um dos estacionamentos do Instituto de Química da Unicamp. Os estudantes a quem perguntou se sabiam quem fazia análises químicas sugeriram que procurasse Nelson Duran. Iseu encontrou a sala dele no primeiro andar, bateu, esperou, nada. Já ia embora e descia a escada larga de cimento quando encontrou um homem de estatura média, tronco musculoso de nadador e rosto de traços latinos. E arriscou:

– O senhor é o professor Nelson Duran?
– Sim, por quê?
– O senhor faz análise química de medicamentos?
– Não. Por quê?
– Preciso de sua ajuda. Pode ver o que a gente fez? – pediu Iseu, passando-lhe as folhas datilografadas com uma descrição do trabalho do pai e fotos de camundongos que retratavam a ação da substância sobre vírus e tumores. Duran se impressionou: "Eram dados consistentes", disse ele muitos anos depois. De imediato, ele tentou entender a situação, iniciando um diálogo de perguntas inevitáveis e respostas desnorteantes.

– De que universidade você é?
– De nenhuma.
– De que empresa?
– De nenhuma.
– Você que fez isso?

– Não. Foi meu pai.
– Então me traga seu pai – Nelson Duran sugeriu, fechando a conversa.

A breve conversa na escada do Instituto de Química marcou o início da transformação de um composto químico indefinido em um medicamento, cujas propriedades químicas e biológicas começaram a ser definidas de acordo com as abordagens tradicionais da produção científica. O método de trabalho também se transformou. Antes um só homem trabalhava em um espaço quase único – Odilon em seu laboratório particular, com raras incursões à Santa Casa, à fábrica de óleo e ao Hospital do Câncer de São Paulo. A partir desse momento haveria muita gente em várias cidades – Campinas, Paulínia, Araçatuba, São Paulo, Brasília – analisando a substância de história e propriedades tão peculiares. Sua capacidade de agir contra tumores, vírus e bactérias atraiu um grupo crescente de cientistas talentosos e frustrados, que não conseguiam se dedicar à ciência como desejavam, nos centros formais de pesquisa científica em que trabalhavam.

De volta a Birigui, Iseu comunicou: "Pai, um professor da Unicamp quer falar com você". Odilon reagiu com altivez: "Eu não vou! Vai me chamar de louco". Sua hostilidade expressava desconfiança, ceticismo e orgulho ferido. Meses antes, ao se reinstalar em Birigui depois de quatro anos vivendo na Amazônia, Iseu disse que a pesquisa teria de se abrir e seguir os passos tradicionais do desenvolvimento de fármacos, que incluíam testes de caracterização química e biológica e dos eventuais efeitos colaterais, a serem feitos em universidades ou empresas, para de fato ter credibilidade. Como não havia conseguido conquistar outros espaços, Odilon pensou que o filho também não conseguiria.

Odilon tinha se habituado a trabalhar sozinho. Ele tentara sair da reclusão seis anos antes ao receber o jornalista Dagoberto Hargreaves, do *Diário de Birigui*, que há tempos insistia para entrevistá-lo. Catarinense, em Birigui desde 1975, Hargreaves apresentou a hipótese sobre a origem das células tumorais, os resultados dos experimentos em camundongos e em outros animais (uma das fotos era do gato da família), os primeiros testes na Santa Casa e o plano do médico de avaliar a ação de sua formulação em pessoas com câncer no estágio inicial, não em estágio avançado, como tinha feito e faria muitas vezes nos anos seguintes.[39] A reportagem lhe deu visibilidade, mas aparentemente não atraiu qualquer pessoa disposta a ajudá-lo nem substituía os artigos científicos tradicionais, que poderiam facilitar a aceitação de seu trabalho.

Em 1983, dois anos antes de Iseu lhe propor que buscassem a ajuda de cientistas especializados em testes de novos medicamentos, Odilon bateu à porta do laboratório de análises clínicas instalado na mesma quadra de sua casa, na rua Siqueira Campos, e pediu: "É possível me arranjar água destilada?". Alda Maria Macedo, que o atendeu, surpreendeu-se ao pensar que ele poderia usar água comum para fazer o remédio de que ela já tinha ouvido falar. Amiga de infância de Iseu, ela tinha voltado para Birigui em 1982, depois de terminar o curso de Farmácia e Bioquímica na USP de Ribeirão Preto, e era sócia da segunda unidade do Bio Análise Birigui. Ela consultou os sócios, Elias e Carmen Gimaiel, que não viram problema no pedido. Havia ali um destilador grande, que atendia com folga ao laboratório, e a partir desse dia ela o deixava funcionando à noite para ter água caso o médico voltasse.

Ao voltar, Odilon pediu outra coisa: "Tem microscópio?". "Claro", Alda respondeu. "Posso usar?" "À vontade." Observando os cristais, nessa época ainda granulados como açúcar cristal, ele parecia saber que efeito poderiam ter no organismo de quem os recebesse. Quando não estavam como queria, ele se indignava: "'Está uma porcaria', ele dizia, e jogava fora", contou Alda 31 anos depois, em um café de Birigui que lembrava os cafés de Paris.

Odilon era de poucas palavras no laboratório, mas se abria em sua casa, que ela começou a visitar quase dois anos depois. Ele gostava de contar dos casos de pacientes cujos tumores desapareciam depois de tratados com sua substância. No final da década de 1980 ele próprio a usou para deter uma infecção por herpes que lhe tomara o rosto e o lado esquerdo do peito. Alda o encontrou na rua com o rosto vermelho, pensou que ele se acidentara, mas era apenas a etapa final da infecção contida em poucos dias com sua medicação.

Alda não conseguia entender como o fungo, que ela viu de longe – "não podia se aproximar", ela lembrou – poderia crescer em pH ácido, normalmente prejudicial. A fita de papel que media o pH, que Odilon lhe mostrava, estava sempre rosa depois de mergulhada no líquido em que o fungo crescia, indicando uma acidez intensa.

"Eu o admirava muito", disse Alda. Ela via que Odilon tinha um coração imenso, a ponto de dar uma caixa com alguns vidros de seu remédio para ela e a irmã cuidarem de um dos irmãos, que voltou para Birigui em março de 1993 bastante doente, com HIV e tumor cerebral. Ele tomou a medicação durante meses, mas não foi o bastante, em vista da gravidade de seu estado, e morreu em junho de 1993. Aos poucos, porém, a admiração esmaeceu, diante de outras situações inesperadas. Um ano depois, ela foi processada judicialmente pelas filhas de Odilon, que contestavam sua participação na pesquisa do medicamento então nacionalmente conhecido e muito procurado por pessoas com câncer. Alda contratou um advogado para se defender. Quando a encontrou na Santa Casa, Odilon a recriminou: "'Menina, não precisava contratar advogado!', ele disse", recordou-se Alda. "'Você é muito boba. Não vai dar em nada. É só uma coisa das meninas contra Iseu', ele disse. Tenho certeza de que ele não tinha noção do que estava acontecendo. A situação tinha saído do controle dele."

Em 1985, nove anos antes do início dos conflitos judiciais, Iseu reuniu as anotações de trabalho de Odilon, as observações e os registros de memória dos resultados experimentais obtidos até então. Seu propósito era convencer cientistas profissionais a levar adiante a pesquisa do pai, inicialmente definindo a composição e a identidade química da substância. Com base nas conversas, nas anotações e nos livros emprestados por Alda, ele escreveu uma síntese de seis páginas do trabalho já feito, mais tarde apresentada a Nelson Duran. Nos anos seguintes, muitas outras vezes Iseu Nunes foi *ghost writer* de cientistas com pouca paciência para responder aos questionamentos dos avaliadores anônimos dos artigos científicos ou dos pedidos de financiamento aos projetos de pesquisa.

Odilon, por não estar ligado a nenhuma instituição formal de pesquisa, dificilmente seria aceito em congressos médicos para expor e discutir os resultados de seu trabalho, mas Iseu encontrou uma brecha: a reunião anual da Sociedade Brasileira para o Progresso da Ciência (SBPC), um dos poucos encontros científicos brasileiros abertos a quem não tinha filiação acadêmica, que naquele ano, 1985, seria realizado em Belo Horizonte. Alda o ajudou a preparar o resumo, que, uma vez aceito, foi a primeira apresentação pública do SB-73:

Desenvolvimento de um novo antibiótico

Odilon da Silva Nunes
Pesquisador autônomo

Metabólito extraído pela cultura de um fungo em meio proteico na forma de um composto cristalino atóxico, apresentando atividade em neoplasia e vírus. Evidenciou inibição da adsorção viral *in vitro* nos tipos possuidores de envelope lipídico (herpesvírus e vírus da estomatite vesicular) e ação terapêutica *in vitro* em herpesvírus, adenovírus e vírus da estomatite vesicular.

Clinicamente apresentou atividade na ordem de 90% (cura) em parvovirose, cinomose e Newcastle. Em neoplasia apresentou atividade variando de 10 a 90% nos seguintes tumores: linfossarcoma 180, carcinoma sólido de Ehrlich, carcinoma de mama, tumor de Stiker, tumor espinocelular e tumor induzido por adenovírus V.

Concluímos pelos testes realizados ação efetiva em neoplasia e vírus nos tipos estudados. Demanda o composto testes continuados para obtenção do tempo de excreção pelo organismo e experimentação em outras patologias.[40]

O trabalho chama a atenção pelo título – novo antibiótico?! –, mas chamar o SB-73 dessa forma não era um equívoco. Antibióticos eliminam organismos causadores de doenças. Podem ser antibacterianos como a penicilina ou antivirais e antitumorais como o composto de Odilon Nunes, que até aquele momento ainda não tinha apresentado evidências de ser também antibacteriano – um estudo com *Salmonella* foi feito apenas no final da década de 1980. Além de aceitável, a classificação estava à altura dos planos do autor do trabalho, já que os antibióticos eram sinônimo de remédios poderosos. Na Universidade Federal de Minas Gerais, Iseu Nunes representou o autor de um trabalho científico que não tinha muita paciência para cumprir os rituais da ciência.

Para Odilon, as surpresas com o filho começaram muito antes. Os gêmeos Silmara e Iseu nasceram prematuros, aos seis meses, na madrugada de 17 de fevereiro de 1956. A menina nasceu primeiro, depois veio o menino, tão frágil que o pai, acostumado a fazer partos, pensou que não sobreviveria. Depois vieram muitas outras surpresas, às vezes classificadas como escândalos, ao longo da tumultuada trajetória de vida de Iseu da Silva Nunes.

- Na selva com Bourdieu

Desde que aprendeu a ler, aos quatros anos, perseguindo os adultos para saber o que eram as palavras que via pela frente, Iseu Nunes desenvolveu uma capacidade de argumentação que incomodava ao pai: "Ele sempre perdia a discussão para mim, e dizia 'se deixar engatar o trololó, ninguém segura'". Ainda criança, seu prazer em pensar livremente não combinou com o estilo da escola religiosa em que estudava. Foi expulso no segundo ano, em um episódio que contou com a participação de seu padrinho de batismo, Eduardo Ibanhez, parente próximo de sua mãe. Foi Eduardo Ibanhez, que era maçom, quem convidou Odilon Nunes para entrar na maçonaria e o apresentou na loja maçônica Paz e Progresso. Foi ali que ele perguntou o que o afilhado estava fazendo com cartelas, como as de uma rifa, na mão. O garoto respondeu que estava vendendo votos – arrecadando dinheiro – para as freiras do colégio ajudarem nas missões religiosas ao redor do mundo. Eduardo Ibanhez mostrou-lhe um livro, *A História Secreta do Brasil*, de Gustavo Barroso, e disse que o estavam enganando. Convencido de que estaria contribuindo para ampliar a dominação religiosa, o menino usou o dinheiro dos votos que já havia vendido para comprar sorvetes para ele e para os colegas, usufruindo de uma repentina popularidade.

Na escola, ele entregou apenas a cartela. "E o dinheiro dos votos?", perguntou a freira. "Gastei", respondeu. Enfurecida, a freira gritou e lhe deu um tapa no ouvido. O menino se defendeu e correu. Apanhou da mãe, mas o pai protestou e Iseu não esqueceu: "Foi a única vez que meu pai me apoiou em um ato de contestação. Ele também foi expulso de colégio de padres". Como castigo, Iseu foi transferido para uma escola pública e logo fez novos amigos. Alguns eram filhos de imigrantes japoneses que trabalhavam na agricultura e eram gratos por sua mãe, Cecília, professora de português, ter ensinado a seus filhos a língua que conheciam pouco.

Um dia, ele e os filhos dos ferroviários, que estudavam na mesma escola, mataram aula e foram para a estação de trem. No pátio de manobras, encontraram uma locomotiva parada, com um vagão de combustível e outro com tanques de água. Por que não dar uma volta com a locomotiva? Os meninos se organizaram, liberaram o controle de passagem dos trens e deixaram o caminho livre para sair do pátio. Acertaram a pressão do vapor, deram a partida, ganharam velocidade e passaram já acelerados pela estação. Os ferroviários correram para avisar outras estações e saíram atrás em carrinhos pequenos, mas não alcançaram a locomotiva, que parou muitos quilômetros adiante por falta de combustível.

Iseu lia o que caísse em suas mãos, de revistas em quadrinhos aos livros e revistas médicas do pai. "Eu ficava tão imerso na leitura que, se me jogassem no chão, eu não acordava", recordou. "Eu vivia as histórias que eu lia." Na casa do padrinho ele encontrou os primeiros livros e revistas sobre um assunto que não parou mais de estudar: as guerras. As leituras sobre guerras aprimoraram seu senso de organização, planejamento, execução e sacrifício. "O velho Winston Churchill, duro na queda, foi um dos meus mentores intelectuais. 'Lutaremos na praia e nos campos; jamais nos renderemos!'", disse, lembrando-se das frases com que Churchill fortalecia os ingleses, motivando-os a resistir aos ataques dos inimigos durante a Segunda Guerra. Churchill ensinou a resistir até chegar o reforço, e Iseu Nunes resistiu por quase dez anos, organizando e interpretando informações sobre o P-Mapa, construindo o *site* da Farmabrasilis e trabalhando praticamente sozinho até encontrar Wagner Fávaro, cientista que o ouviu, examinou os efeitos do P-Mapa em uma doença que ele conhecia muito, o câncer de bexiga, formou uma equipe, atraiu outros pesquisadores e fez o trabalho dar um salto ao detalhar e ampliar as conclusões de Odilon e de Iseu.

Aos 11 anos ele ganhou do pai o livro *Grandes Vidas, Grandes Obras*, com biografias de poetas, músicos, conquistadores, libertadores, santos, mártires, estadistas, cientistas e imperadores. Quando terminou de ler, sentiu-se triste: já que aqueles grandes homens tinham resolvido todos os problemas do mundo, ele pensou, não havia sobrado nenhuma grande aventura para ele. O pai o reanimou dizendo que sempre haveria o que resolver. Não imaginavam que teriam pela frente a tarefa de levar adiante a pesquisa e o desenvolvimento de um medicamento original em um país sem tradição nessa área.

O cinema de rua era uma das diversões das noites de sábado na Birigui daquela época. Um projetor transportado em uma caixa de madeira com duas rodas exibia filmes como *Ben-Hur*, *Tarzan* e *O Gordo e o Magro* em uma parede da atual prefeitura. Quem não quisesse se sentar no chão para assistir levava sua própria cadeira.

Por volta dos 14 anos, Iseu subia no telhado de sua casa, olhava as estrelas e pedia para não ter uma vida comum. Ele pensou em ser escritor, mas desistiu ao ler *Grande Sertão: Veredas* e ver que não conseguiria fazer nada melhor. Pensou em ser médico, mas o pai o desmotivou, alegando que a medicina o obrigaria a conviver com muito sofrimento humano. Ao entrar em Administração de Empresas na Fundação Getulio Vargas, em São Paulo, começou uma temporada de quatro anos de estudos, boemia e passeatas. Ele deixou o curso no último ano, sem terminá-lo. "Era já o Eliseu emergindo", justificou. Eliseu era como os homens que encontrou pela Amazônia o chamavam porque, ele argumentou, não conseguiam pronunciar seu nome. Ele resolveu se mudar para o norte porque gostou da grandiosidade da floresta, que um dia sobrevoou com os aviadores do aeroclube de Birigui. Em seguida, deixou para trás as camisas de seda que usava no curso em São Paulo e aprendeu a se orientar na mata e a conviver com a chuva incessante.

Iseu da Silva Nunes era um habitante peculiar do universo de garimpeiros e outros aventureiros que povoavam a Amazônia. Lia e relia *Economia das Trocas Simbólicas*, um dos livros que levara, do sociólogo francês Pierre Bourdieu. "Bourdieu me deu as ferramentas para pensar o mundo, depois me mandou para o meio do mato e me ensinou a fazer coisas a partir do nada", disse ele. Filho de camponeses, Bourdieu examinou os mecanismos de dominação simbólica de uma classe sobre outra. No *Economia* e em outros textos de linguagem geralmente árida, com parágrafos imensos, repletos de orações intercaladas, ele mostrou como intelectuais acadêmicos sem visão crítica tentam se impor sobre os não acadêmicos – ou sobre intelectuais menos qualificados – por meio do poder simbólico, representado pelos títulos conquistados ao longo da carreira universitária, pela quantidade de trabalhos publicados e pelo prestígio das instituições. É a chamada *violência simbólica*, expressão criada por ele para designar o uso de uma linguagem e de argumentos considerados irrefutáveis por representantes de uma classe para dominar outra.

Bourdieu lembrou aos intelectuais acadêmicos, com quem convivia, que o trabalho deles era importante essencialmente como bem simbólico, por representar coisas ou situações que nem sempre se realizavam. O *efeito do anúncio*, outra expressão que ele criou, desvendou o discurso de políticos que fazem propaganda de obras que dificilmente serão realizadas, com o propósito de ganhar a simpatia popular e passar a ilusão de eficiência; o importante é o anúncio e a felicidade de todos ao acreditarem na possibilidade de realização, não a obra em si. Bourdieu argumentava que os discursos, as mensagens e as representações ajudavam a construir e manter o poder simbólico, as relações de força e a autoridade de pessoas ou instituições. Por essa razão, ao entrar na Unicamp em 1985, Iseu sabia que as colaborações que conseguisse ali e em outras universidades eram vitais também pelo valor simbólico da pesquisa acadêmica, por conferir legitimidade a um trabalho que correra ao largo de instituições científicas formais durante décadas.

Iseu morou em Tucumã, Xinguara e Marabá, no Pará, a maior parte dos seus quatros anos de Amazônia. Durante um ano ele foi dono de área de mineração em Serra Pelada, o maior garimpo de ouro a céu aberto do mundo. Era uma cratera de 100 metros de profundidade em que milhares de brasileiros e estrangeiros se moviam, enlameados, com sacos de cascalho nas costas, só se detendo quando um barranco desmoronava ou quando o ouro brotava da terra. Em uma carta ao pai, ele contava que esperava bamburrar – encontrar muito ouro, na gíria local – e conseguir o dinheiro de que precisavam para financiar a pesquisa do medicamento. Contava também que achava que ainda iriam lidar com uma nova doença chamada Aids, sobre a qual tinha lido no jornal que embrulhava latas de leite compradas em Marabá, que estava atacando as pessoas nos Estados Unidos. Em Serra Pelada ele ganhou o apelido de Doutor Caneta, por ler e escrever cartas para os garimpeiros.

O que mais pesou em sua decisão de voltar foi a segunda malária, que chegou com força quando ele estava sozinho na floresta próxima ao seu garimpo em Tucumã. A febre e as dores no corpo o abateram e ele caminhou com dificuldade pela mata por dois dias até uma estrada, onde desmaiou ao chegar, exausto. Um barulho de motor o acordou. Era um jipe, que ele apenas viu, sem poder chamar, porque não conseguia se levantar do chão. "Os homens do jipe não tinham me visto, já se distanciavam e só voltaram porque viram o brilho do meu relógio pelo espelho retrovisor", ele contou. Em um hospital próximo, recebeu os medicamentos de que precisava e dormiu.

Enquanto se recuperava, ele concluiu que tinha uma dívida de gratidão com todas as pessoas que o salvaram, começando com as que haviam tratado dele e recuando até os antigos maias, os descobridores do quinino, do qual derivaram os medicamentos contra malária que lhe permitiram sobreviver. O que poderia fazer para retribuir? A resposta veio em menos de uma semana, quando sua mãe o chamou, pedindo para voltar para ajudar o pai, que havia desistido da pesquisa do medicamento. Dias depois Iseu da Silva Nunes olhou pela última vez a floresta pela janela do avião que decolava de Marabá e tentou dormir, encerrando sua fase de aventuras na Amazônia. Dessa época ele guardava uma mochila alongada impermeabilizada chamada de saco cauchado, um pouco de ouro bruto em um vidro pequeno e uma carteirinha de garimpeiro em Serra Pelada.

▪ Os três monges

Nelson Duran estava no auge da carreira de professor universitário, em busca de problemas científicos desafiadores, quando encontrou o estranho visitante na escada do Instituto de Química da Unicamp. Ao ver Iseu, ele avisou que entendia pouco de desenvolvimento de medicamentos. Sua única experiência nesse campo tinha sido com a violaceína, pigmento de uma bactéria que se mostraria ativo contra o parasita causador da malária, embora com toxicidade considerada alta. Mas havia uma motivação pessoal: sua experiência frustrada em extrair o princípio ativo das pimentas vermelhas, com Marcela Haun – Nora Marcela Haun Quiros, sua futura primeira esposa. Os dois estudavam química na Universidade Católica de Valparaíso quando decidiram ganhar dinheiro extraindo e vendendo o princípio ativo da pimenta, a capsaicina. "Compramos 10 quilos de pimenta vermelha, moemos, choramos e rimos muito, conseguimos um extrato superpicante, mas não retiramos o princípio ativo. Faltou conhecimento", reconheceu. "Lembrei das pimentas quando Iseu apareceu naquele dia", disse ele em outubro de 2012, aos 70 anos, revendo sua trajetória profissional.

Chileno de Viña del Mar, Nelson Eduardo Duran Caballero naturalizou-se brasileiro ao ser contratado como professor na Unicamp, em 1978. Seus pais vieram da Espanha. A pele morena, disse com redobrado orgulho, "vem dos mouros, dos árabes". Aos sete anos ele começou a mexer com pólvora e *cordita*, explosivo plástico com forma de espaguete que o pai, químico que trabalhava na Marinha, trazia e insistia para usar com cuidado. O menino ganhou porte atlético porque aprendeu a nadar no mar com o pai e a mergulhar saltando de um barco com o irmão para colher mariscos. Aos 21 anos, terminando o curso de Química, já era professor na universidade. Fez pós-graduação em Porto Rico e voltou para Valparaíso. Após o golpe militar de 1973, trabalhar na universidade se tornou muito difícil: tinha de comprar reagentes para fazer os experimentos e enfrentar alunos revoltados. Foi quando ele começou a ver as consequências de falar o que pensava: "Fui processado por fazer proselitismo contra a esquerda". Com a esposa, duas filhas e a empregada, ele saiu do Chile em 1975 para trabalhar como professor convidado na USP e três anos depois foi contratado como professor da Unicamp.

Ao lado do filho, Odilon Nunes entrou desconfiado em sua sala, com uma remota esperança de que poderia retomar a pesquisa do medicamento que lhe consumira paciência, tempo e dinheiro ao longo de 25 anos. "Odilon falava com muita convicção: 'Tenho certeza de que, se faço do mesmo jeito, dá sempre a mesma coisa', ele disse", recordou-se Nelson Duran, que o ouviu com atenção. "Ele mostrou fotos de animais e tumores, não contou nada que não pudesse provar. Foi uma empatia recíproca." Nelson se propôs a preparar frações do composto, que Odilon poderia testar para ver qual seria a ativa contra tumores, como primeiro passo das análises químicas.

Odilon Nunes quis saber: "Quanto vai custar? Podemos pagar". Nelson Duran argumentou: "Você não tem dinheiro para pagar. É um trabalho complexo e caro. Pode demorar uma semana ou um ano". Sua única condição para fazer as análises era poder publicar os resultados na forma de artigos científicos ou participar das eventuais patentes que facilitassem a produção e comercialização da substância. Odilon concordou e deixou uma amostra para ser examinada, demonstrando uma confiança que outros pesquisadores universitários não haviam conquistado.

Para determinar o grau de pureza da substância, Nelson Duran começou por uma avaliação simples, a cromatografia de camada delgada, em que se põe um solvente sobre a substância a ser analisada; o solvente forma manchas, refletindo a afinidade química e a pureza da substância. Formou-se apenas uma mancha, indicando que se tratava de "um composto praticamente puro", ele concluiu, admirado, um mês após a conversa inicial. "A única impureza era um pequeno excesso de carbonato, usado na extração, fácil de tirar." Ele chamou Odilon e Iseu, disse que se tratava de um composto químico homogêneo, portanto puro, e Odilon comentou: "Eu sabia...".

Uma das análises indicou que a molécula continha magnésio, nitrogênio, fosfato e carbono. O magnésio é essencial para o funcionamento de várias enzimas e para a regulação das defesas do organismo contra tumores e microrganismos. O nitrogênio é um componente das moléculas orgânicas e o fosfato integra a molécula de adenosina trifosfato, que as células convertem em energia. O carbono formava ácidos graxos, um tipo de lipídio (gordura) com muitas funções. O fato de serem componentes familiares ao organismo ajudava a explicar a baixa toxicidade ou aparente atoxicidade da substância, mas Iseu nunca gostou do termo atóxico, que Odilon usava com frequência. Mesmo a água, Iseu argumentava, se tomada em excesso, poderia ser prejudicial; ele também não gostava da afirmação de que a substância era pouco tóxica por ser natural, porque, dizia, veneno de cobra também era natural.

A análise da proteína, que devia vir do caldo de carne usado na fermentação do fungo, surpreendeu Nelson Duran ao indicar um teor alto, 35%, de apenas um componente, a arginina. Entre outras funções, a arginina promove o crescimento e a recuperação de tecidos e está ligada à defesa do organismo ao estimular os processos inflamatórios e a atividade de um grupo de células do sangue, os linfócitos T, e de moléculas de comunicação chamadas citocinas. Nelson Duran verificou que a molécula era complexa e encorpada, com peso molecular de 316 kilodaltons, similar ao de outras macromoléculas que circulam pelo organismo.

Com a equipe de Campinas, a substância que havia passado duas décadas fermentando em silêncio entrou na trilha acadêmica, e sua identidade química foi apresentada de modo cada vez mais detalhado em congressos científicos. Em 1986, era "uma metaloproteína (contendo magnésio, proteína, fosfato e amônio) com características de um só composto". Um ano depois era uma metalolipoproteína – uma proteína ligada a um metal e a um lipídio – e em 1990 foi descrita como um composto imunomodulador com ação antiviral e antitumoral.[41]

Nelson Duran organizou os componentes em uma fórmula e em uma estrutura espacial e propôs um nome químico para a molécula: anidrido polimérico de fosfolinoleato de magnésio e amônio proteico. Os dois artigos publicados em dezembro de 1990, um sobre a caracterização da molécula e outro sobre os primeiros estudos *in vitro* e *in vivo*, foram os primeiros artigos científicos assinados por Odilon da Silva Nunes, ao lado de pesquisadores acadêmicos, confirmando por métodos científicos clássicos o que ele havia feito e uma parte do que ele (ou seu *ghost writer*) havia apresentado no trabalho da SBPC cinco anos antes.[42]

Em 1986 Nelson Duran foi a Birigui, hospedou-se na casa de Odilon Nunes e instalou um aparelho de análises químicas, um espectrofotômetro, que havia levado, para acompanhar a fermentação do fungo. Ao longo de sete dias, Nelson retirava uma amostra do líquido em que o fungo crescia e a analisava para ver se a substância já tinha se formado. Odilon, sem qualquer aparelho, garantia: "Ainda não". Nelson admirou-se: "Ele sabia quando estava pronto. Dizia: 'Eu sei. Pelo cheiro e pela cor'. E o equipamento mostrava que estava mesmo".

Nos anos seguintes Nelson Duran teve de dar atenção a outras prioridades pessoais e profissionais e não conseguiu tempo e assistentes para detalhar a estrutura da substância que havia analisado. Quase 30 anos depois, porém, não havia perdido o fascínio. "O P-Mapa é incrível. Reconhece animal com câncer e sem câncer, a resposta é diferente", disse ele. Segundos depois, revendo os conflitos por que passaram, continuou: "Essa história, ou a molécula, puxa coisas positivas das pessoas, mas também as negativas. Existe algo místico no meio disso tudo... Ou algumas condições mentais...". Então ele contou que, dormindo, via três monges, um à frente dos outros, tentando falar, e ele não entendia. As visões começaram depois de conhecer Odilon e terminaram quando se separaram. Ao saber disso, em 2011, Iseu levou um susto, perguntou se os monges tinham lhe falado alguma coisa e contou: "Meu pai dizia que falava em sonhos com os três monges. Ele dizia 'muita informação recebi dos três monges'".[43]

Odilon tinha muitas histórias de sonhos reveladores e de intuição apurada, que revelavam mais uma face de sua mente inquieta. Ainda menino, seus sonhos o ajudaram a encontrar um esticador de arame, usado para fazer cerca, caído em um mourão oco, e um canivete que perdera ao correr em um gramado próximo à sua casa. Tempos depois, já trabalhando como médico, ele tirou um cochilo após o almoço e sonhou que um de seus tubos de ensaio, com um líquido vermelho, era o que continha o que estava procurando. Levantou-se, testou e era aquele mesmo. Um dos sonhos foi com seu tio Nicolau, a quem mostrava: "Olha aqui a substância, branquinha...". No sonho, ele já tinha extraído o cristal do líquido vermelho, e o cristal formava um pó branco.

▪ Um notável antiviral

Ao examinarem o que deveria ser feito para avançar nos testes com o SB-73, Iseu Nunes e Nelson Duran reconheceram que não tinham dinheiro nem experiência em desenvolvimento de fármacos. Teriam de pedir ajuda a outros pesquisadores que pudessem avaliar se o composto tinha mesmo propriedades terapêuticas e, principalmente, se seu uso era seguro: se fosse muito tóxico, teria de ser deixado de lado, como acontece com muitas moléculas que poderiam agir sobre tumores ou microrganismos, mas são muito danosas ao organismo que deveriam proteger. Aparentemente, porém, nem nas universidades nem nas empresas farmacêuticas havia profissionais com experiência em estudos pré-clínicos em modelos animais, já que era raríssimo aparecer um candidato a medicamento cujos desenvolvedores quisessem seguir as regras internacionais de desenvolvimento de fármacos. Como o Brasil ainda não reconhecia patentes de medicamentos, as empresas nacionais não tinham interesse em desenvolver medicamentos originais.

Uma das primeiras pessoas com quem Nelson e Iseu conversaram foi Marcela Haun, professora no Instituto de Biologia da Unicamp. Agora ex-esposa de Nelson, ela se dispôs a testar a substância em seu laboratório de cultura de células e chamou outra pesquisadora, Lúcia Pereira da Silva, que se ofereceu para fazer outras análises em seu laboratório especializado em mitocôndrias, compartimentos celulares responsáveis pela produção de energia. Cada um oferecia o que tinha à mão. Outros pesquisadores com quem Nelson, Iseu e Marcela conversaram se dispuseram a participar das avaliações das propriedades do SB-73, e o grupo foi crescendo. Em menos de um ano, os experimentos iniciais indicaram que a substância tinha um efeito impressionante contra o vírus do herpes; contra o HIV, o causador de uma doença nova que avançava com rapidez, a Aids; e contra alguns tipos de tumores. Os testes com camundongos geneticamente idênticos da linhagem Balb/C, usados para assegurar resultados consistentes, detectaram um aumento no número de células formadoras de anticorpos no baço de quatro dos cinco animais no quarto dia após a aplicação do fármaco.[44] Ao nascer para o mundo da ciência formal, a substância de berço estranho começava a exibir sem pudor sua capacidade de ativar as defesas do organismo, a baixa toxicidade em células e o seu amplo, e por muito tempo inexplicável, espectro de ação.

Depois dos testes em células, que registraram a ação antiviral, as avaliações do composto em animais indicaram sua capacidade de induzir a produção de anticorpos e ausência de toxicidade aguda e subaguda – a toxicidade aguda avalia os eventuais danos no organismo em pouco tempo, geralmente um dia, após uma ou várias aplicações de um fármaco, e a subaguda, os eventuais danos em um período de um a sete dias. Nelson Duran e Iseu Nunes concluíram que, para avançar, precisavam avaliar a toxicidade da substância por meio de testes mais amplos em animais. Encontraram ali mesmo, em Campinas, quem trabalhava com esses testes em animais.

"Entrei no grupo em 1988", disse a bióloga Alba Regina Monteiro Souza Brito em um final de tarde de agosto de 2008 no terraço de um restaurante em um *shopping center* de Campinas. Após lecionar dez anos em universidades da Paraíba, ela começou a trabalhar como pesquisadora no Centro Pluridisciplinar de Pesquisas Químicas e Agrícolas da Unicamp em julho de 1988, sob a perspectiva de fazer pesquisas em um amplo laboratório de ensaios pré-clínicos de medicamentos. Ao ser convidada para coordenar os estudos de toxicologia do SB-73, ela aceitou de imediato: era exatamente esse o trabalho que tinha ido fazer na Unicamp e ainda não tinha conseguido. "Por ter concordado em participar, ganhei um presente", ela contou. Nelson e Iseu foram até sua casa e lhe deram, como sinal de gratidão, que em parte substituía o pagamento que não tinham como fazer, uma pintura em aquarela de um vaso com flores, com uma assinatura, Haydée, e a data, 1989. Alba Brito a mantinha na parede da sala de sua casa, 20 anos depois.

Diante dos atrasos na construção do laboratório na universidade, ela se mudou para o Centro de Pesquisas da Rhodia, em Paulínia, uma cidade próxima a Campinas. "Eu tinha feito um acordo", ela contou. "Montaria a área para eles desde que pudesse trabalhar no SB-73. Fizeram uma contraproposta: eu poderia trabalhar no SB desde que treinasse as funcionárias do centro em ensaios toxicológicos de média e longa duração. 'Está perfeito', eu disse." Os resultados das primeiras avaliações de toxicidade realizadas no laboratório da Rhodia indicaram que os danos para os tecidos e órgãos dos animais eram insignificantes.

Um dos experimentos indicou que o SB-73 não havia apresentado qualquer efeito tóxico em culturas de células, diferentemente dos outros três compostos com os quais havia sido comparado: aciclovir e iduxurina, usados contra herpes, e AZT, então chamado de azidotimidina e hoje de zidovudina, que começava a ser usado contra o vírus HIV e as infecções oportunistas que acompanhavam a Aids. Além dos resultados, esse trabalho era uma razão de orgulho para o grupo, por ter reunido pesquisadores de várias faculdades e instituições não acadêmicas, mas foi também uma fonte de dissabores. Para repor os reagentes usados nos estudos de toxicidade em cromossomos e, ao mesmo tempo, integrar e aprofundar o estudo das propriedades químicas e biológicas do SB-73, Nelson Duran escreveu um projeto de pesquisa e o enviou à Fundação de Amparo à Pesquisa do Estado de São Paulo (Fapesp), agência regional de financiamento à ciência e tecnologia.

Na carta de apresentação do projeto, datada de 11 de maio de 1987, ele argumentava: "A falta de novos antivirais e antineoplásicos de baixa toxicidade não só no Brasil, como também no mundo, torna extremamente importante o desenvolvimento desse tipo de projeto.

O SB-73, a meu entender, seria o primeiro fármaco desenvolvido e produzido no Brasil". Assinada por Nelson Duran e Odilon Nunes, a proposta de pesquisa consistia na produção do SB-73 em escala semipiloto e em estudos de caracterização química e de eficácia em modelos animais contra parvovirose, doença de Newcastle e tumores. De acordo com as regras da fundação, dois pareceristas externos e anônimos examinaram o projeto, julgaram as informações sobre a estrutura química e as propriedades do composto muito preliminares e não recomendaram o financiamento.

Em resposta à negativa, Nelson Duran argumentou, em uma carta de 16 de outubro de 1987: "Nunca minha intenção foi considerar estes resultados além do caráter preliminar, já que precisamos de um reconhecimento por autoridades científicas competentes nas diferentes áreas como biologia molecular, citologia, toxicologia, farmacologia, veterinária, etc., para passar a outras etapas clínicas". Uma carta de 27 de janeiro de 1988 informava que o pedido de financiamento havia sido recusado "com base no parecer da assessoria", anexado à carta. O parecer questionava a aparente ausência de toxicidade do composto, considerava os experimentos realizados com tumores "pouco explicativos" e concluía: "Nas condições em que o projeto foi apresentado temos convicção de que o Dr. Duran não atingirá os propósitos almejados".[45] Nelson Duran indignou-se: "Deram-nos a justificativa de que não tínhamos a experiência necessária para desenvolver novos medicamentos no Brasil, mas o que estávamos propondo era exatamente isso: criar competência para desenvolver medicamentos no Brasil".

Imaginando que poderia reverter a decisão, ele solicitou uma reunião com o diretor científico da fundação na época, Flávio Fava de Moraes. Em 12 de fevereiro de 1988, acompanhado de Iseu Nunes, Nelson Duran sentou-se à frente do diretor científico, apresentou os resultados já obtidos e perguntou sobre a possibilidade de rever a recusa do pedido de financiamento à pesquisa com o SB-73. "Projetos desse tipo ainda não eram factíveis", argumentou Flávio Fava de Moraes em 2009, em seu gabinete de diretor-geral da Fundação Faculdade de Medicina da USP, revendo a conversa de 22 anos antes. Fava de Moraes enfrentava limitações institucionais que barravam a possibilidade de apoiar uma pesquisa que conciliava ciência básica (testes em laboratório) e aplicada (produção em escala semipiloto) e equipes de várias instituições de pesquisa. Predominava o apoio financeiro a projetos individuais: cada pesquisador pedia dinheiro para levar adiante seu próprio trabalho ou o de seus estudantes. Propostas como aquela, reunindo mais de uma especialidade, eram raras. Somente a partir de 1991 a fundação começou a financiar propostas reunindo equipes de uma ou mais instituições em trabalhos mais abrangentes e ousados. Nelson Duran apresentava algo abrangente e ousado, mas havia chegado quatro anos antes de a instituição estar apta a acolher propostas como a que já colocavam em prática. Três anos depois, ele procurou novamente Fava de Moraes, dessa vez para apresentar os resultados dos testes do SB-73 em pessoas com HIV/Aids.

O trabalho em laboratório era parte de um plano mais amplo. Recém-chegado da Amazônia, Iseu começou o curso de Direito no Centro Universitário Toledo, em Araçatuba, e assumiu o cargo de agente-chefe da previdência no hoje extinto Instituto de Arrecadação da Previdência Social em Lins, ao mesmo tempo em que participava do planejamento e realização dos testes em Campinas, para onde viajava pelo menos uma vez por semana. Com base nos modelos de organização que estudara em São Paulo e nos que conhecia no curso de Araçatuba, ele propôs a criação de uma organização não governamental para coordenar a pesquisa científica formal sobre o SB-73 e facilitar a aproximação com empresas, governo e outros potenciais colaboradores. Odilon e Nelson concordaram com a criação dessa organização, que ganhou o nome de Centro de Desenvolvimento de Novos Compostos com Atividade Biológica (Cedecab), formalizada em 1987.

Por meio do Cedecab, eles pretendiam agir simultaneamente em quatro vertentes do trabalho, que, uma vez integradas, poderiam fazer com que o fármaco cumprisse de modo satisfatório todas as avaliações necessárias para se tornar um medicamento que pudesse ser usado pelas pessoas. A primeira vertente era a pesquisa básica, voltada à caracterização química e avaliação da toxicidade e da atividade biológica da substância, por meio de testes controlados em animais, para identificar e prever os possíveis efeitos em seres humanos. Realizada por grupos acadêmicos, essa vertente ajudaria a reunir informações para definir a estrutura química e as propriedades do composto e cumprir as futuras exigências das autoridades regulatórias. A segunda, a pesquisa tecnológica, consistia na redução do tempo de fermentação e na ampliação da escala de produção, de modo a produzir a substância no menor tempo possível e em quantidade suficiente para avaliar a eficácia e a toxicidade em animais e pessoas e facilitar a produção em escala industrial. A terceira frente era a pesquisa clínica formal e controlada, com um padrão de comparação, com base nos resultados dos estudos feitos em células e modelos animais. A quarta era a proteção dos direitos de propriedade intelectual, por meio do registro de patentes, essencial nas eventuais negociações com empresas interessadas em produzir o medicamento.

Como resultado da ação encadeada, em sete anos, de 1985 a 1992, eles atingiram três objetivos importantes: definiram as primeiras possibilidades de uso do composto e o empregaram para tratar pessoas com HIV/Aids, em colaboração com médicos de Campinas; expandiram a produção de 1 para 100 litros (de cada litro de meio de cultura se extraía de 150 a 200 miligramas de P-Mapa), mantendo o tempo de fermentação de 120 horas; e receberam a patente aprovada do governo dos Estados Unidos (a resposta ao pedido de patente no Brasil, a primeira a ser solicitada, chegou em 2001).

Nelson Duran continuou convidando outros pesquisadores a entrarem em uma pesquisa para a qual ele não conseguira dinheiro. Em uma consulta com o pediatra Sérgio Bellucci, à qual ele e Marcela Haun tinham levado a filha mais velha, ele comentou sobre os resultados dos testes com o SB-73 feitos até aquele momento. O médico ficou impressionado e disse que a esposa dele, Silvia Bellucci, poderia se interessar. E, de fato, se interessou. Quando Marcela Haun e Nelson Duran perguntaram se ela gostaria de participar do grupo de pesquisa, Silvia Bellucci, como qualquer médico, precisava com urgência de medicamentos para tratar pessoas com HIV/Aids.

Médicos e outros profissionais de saúde, pesquisadores acadêmicos, pessoas infectadas e seus amigos e familiares mobilizavam-se para deter uma epidemia contra a qual ainda não havia tratamentos adequados. A Aids se espalhava rapidamente e trazia à tona medos e preconceitos abafados durante décadas.

Parte 5

Aos pés de um vírus

- **As faces do medo**

A Aids destruiu frágeis certezas ao mostrar como era inconsistente a crença de que a penicilina e outros antibióticos deixariam a humanidade livre das grandes epidemias. Qualquer pessoa começou a temer a nova doença à medida que o vírus se mostrou capaz de se propagar não só entre homossexuais, as primeiras vítimas, mas também entre homens e mulheres heterossexuais e para os fetos, durante a gestação. Quando o ator americano Rock Hudson, símbolo da masculinidade, morreu da doença em 1985, não foram só os homens que se sentiram desavorados: ganhou força o raciocínio de que, se ele era *gay* e se infectou, talvez filhos e irmãos também pudessem ser *gays* e estar em risco de se infectar.[46] Muitos viram amigos e familiares homossexuais comunicarem que estavam infectados, adoecerem e morrerem em poucos meses.

A Aids passou a ser vista como uma forma de punição a excessos, promiscuidade e hedonismo, despertando o medo, a culpa e a vergonha que podem acompanhar as doenças sexualmente transmissíveis.[47] Era uma doença contra a qual inicialmente pouco se podia fazer, porque ninguém sabia o que a causava e como poderia evoluir. Não havia medicamentos, e muitos hospitais públicos ou privados recusavam doentes infectados, sob a justificativa de que não sabiam como lidar com a doença, que poderia se espalhar entre os funcionários e as pessoas internadas. Quem tinha Aids e conseguia ser hospitalizado – as vagas eram raríssimas – sabia que iria ficar em alas de isolamento e provavelmente morrer em poucas semanas.

Nos hospitais, quando a causa e as formas de transmissão da doença ainda não eram claras, enfermeiras, assistentes sociais, nutricionistas e outros profissionais da saúde evitavam as pessoas internadas com HIV/Aids, recusando-se a limpar seus quartos e a recolher a comida, para não se contaminarem ou contaminarem suas famílias. Os dentistas temiam a doença porque muitos já haviam se contaminado com o vírus da hepatite B de seus pacientes, dos quais tratavam ainda sem luvas.

A cidade de São Paulo, por ser a mais populosa e concentrar o movimento homossexual, foi o centro da epidemia, com metade dos casos registrados no país.[48] Movidos pela volta do ambiente democrático – o começo da Aids no Brasil coincidiu com o fim de duas décadas de governo militar, os debates para a elaboração da nova Constituição e a reestruturação do serviço público de saúde –, pelo interesse do governo em promover a participação popular e pelo medo de morrer com Aids ou de perder amigos por causa da nova doença, todos começaram a agir. Em 1983, quando os casos de Aids começavam a aumentar rapidamente, médicos e representantes da comunidade homossexual procuraram o secretário da saúde, João Yunes, e pediram providências para que os doentes recebessem atendimento médico. Yunes formou um grupo de técnicos para indicar caminhos para enfrentar a doença e, mesmo sob críticas de outros médicos de que a secretaria deveria se ater a doenças de maior alcance, como a tuberculose, lançou as bases do programa de Aids em São Paulo. O programa previa assistência médica e laboratorial, vigilância epidemiológica, informação e educação à população, mobilização e participação social, valorizando "o combate à discriminação, a garantia do acesso universal ao tratamento e a promoção da equidade para os grupos sociais mais afetados no acesso aos recursos disponíveis".[49]

Um dos técnicos chamados pelo secretário da saúde foi o médico Paulo Roberto Teixeira. Ao ser designado para analisar a situação, ele se propôs a trabalhar com a Aids guiando-se pelas estratégias já adotadas contra hanseníase, outra doença sujeita a intensa discriminação social, na divisão que ele chefiava.[50] Cinco anos depois, em 1988, como coordenador do programa de prevenção e controle de Aids em São Paulo, ele assinou um ofício explicitando a primeira etapa de avaliação da atividade antiviral do SB-73, tendo em vista a possibilidade de ampliar a abrangência dos testes em pessoas com HIV/Aids feitos no Centro Corsini, em Campinas.

Vinte e quatro anos depois, em agosto de 2012, em um dos debates finais de um congresso sobre prevenção de Aids que reuniu 5 mil pessoas em São Paulo, agora como assessor do programa estadual de doenças sexualmente transmissíveis e Aids, Paulo Teixeira comentou: "Estamos todos insatisfeitos com o que conseguimos até o momento. Nos últimos dez anos, não houve alteração da prevalência, que se mantém em patamares altos entre *gays*, homens que fazem sexo com homens e trabalhadoras do sexo". Em seguida ele questionou: "Em dez anos, desde que a epidemia ganhou o perfil atual de pauperização, interiorização e heterossexualização, houve prejuízo das ações de prevenção? O esforço para descaracterizar os grupos de risco e dizer que Aids é de todos nós reduziu a intervenção nos grupos mais vulneráveis? Temos de reavaliar".

Trinta anos depois de os primeiros casos terem sido registrados em São Paulo e em outros Estados brasileiros, a Aids tinha deixado de ser uma doença incurável de alta mortalidade e perdido visibilidade, mas em muitos sentidos tinha mudado pouco. Não se falava mais em grupos de risco, um conceito de saúde pública que no início da epidemia causou discriminação mesmo a quem não estava infectado. As chamadas populações mais vulneráveis, no entanto, ainda eram vítimas de discriminação na escola, no trabalho, na família e entre amigos. A articulação entre gestores públicos, professores, dirigentes de organizações não governamentais, pais e religiosos, que deteve a expansão da epidemia e evitou que as previsões pessimistas se concretizassem, havia se enfraquecido.[51]

O país, principalmente o Estado de São Paulo, conseguiu organizar uma resposta rápida e coletiva contra a Aids. Equipes do governo, chefiadas pelo governador eleito em 1983, André Franco Montoro, religiosos, à frente o arcebispo Dom Paulo Evaristo Arns, médicos sanitaristas, ativistas e pessoas infectadas ou seus amigos trabalharam intensamente, marcando outra peculiaridade da Aids: a participação de organizações não governamentais, dos próprios doentes e seus familiares e amigos na busca de soluções, reivindicando os direitos dos pacientes por um atendimento médico satisfatório e criando centros de atendimento médico e moradia às pessoas com Aids. Médicos que buscavam soluções, como Silvia Bellucci, começaram a ser ouvidos.

Em 1985 Silvia Brandão Bertazolli Bellucci já era uma referência nessa área em Campinas. Como coordenadora do programa de controle e prevenção da Aids do Hospital de Clínicas da Unicamp, ela assegurava que o convívio com pessoas infectadas não oferecia qualquer risco de contágio, alertava que "a falta de recursos e a reação lenta das autoridades da saúde podem agravar, a curto prazo, o já difícil trabalho de combate à doença no país" e comentava sobre a possibilidade do uso de um medicamento em testes nos Estados Unidos, o interferon, para tratar pessoas com Aids, já prometido anos antes por um médico do Hospital das Clínicas da USP.[52]

Desde 1981 ela ajudava outros médicos a diagnosticar pacientes com sintomas incomuns, como um tipo de câncer de pele conhecido como sarcoma da Kaposi, um dos sinais da doença que ainda não era chamada de Aids. Em dezembro desse ano uma revista médica publicou os primeiros relatos de pessoas que haviam morrido de Aids nos Estados Unidos. Antonio Carlos Corsini, coordenador do laboratório de imunologia clínica do hospital da Unicamp e orientador acadêmico de Silvia Bellucci, leu os artigos, entregou-os para ela, em uma das reuniões da equipe, e avisou: "Olhe aqui com que você vai trabalhar".[53]

Corsini foi diagnosticado com leucemia em setembro de 1982 na Suíça, para onde tinha viajado a trabalho. Depois de voltar a Campinas, mesmo em tratamento ele acompanhava o atendimento dos pacientes com Aids tratados no ambulatório que Silvia Belluci havia criado no hospital universitário.[54] Só chegavam casos graves, que às vezes ocupavam os 17 leitos destinados ao tratamento de doenças infecciosas. Em meio a dificuldades que pareciam insuperáveis, ela deixou o ambulatório e abriu um consultório particular, mas seus pacientes não podiam pagar pelos exames de sangue, indispensáveis para o diagnóstico. Ela atendeu em espaços provisórios até janeiro de 1987, quando começou a funcionar a organização não governamental que havia criado para oferecer serviços ambulatoriais para pessoas com Aids, o Centro Corsini.

"Silvia nos ajudou quando ninguém queria fazer nada por nós", disse Nelson Duran. Em 1988 ele a procurou e mostrou os resultados dos experimentos comparando SB-73, aciclovir e AZT. Outros pesquisadores da equipe também tinham informações animadoras. A biomédica Denise Ciampi, que trabalhou com Silvia Belluci no hospital universitário e no Centro Corsini, verificara que a camada superficial do soro sanguíneo de voluntários sadios tratado com SB-73 era capaz de ativar a proliferação de um tipo de células de defesa, os linfócitos, e o que se sonhava para deter a Aids era exatamente produzir mais células de defesa.

"Os pacientes estavam desesperados", disse Silvia Belluci, movida pelo mesmo senso de urgência que Odilon Nunes. O AZT tinha sido aprovado como primeiro medicamento contra Aids em 1987, nos Estados Unidos, mas ainda era raro e caro, inacessível para a maioria das pessoas. Em São Paulo, igualmente angustiado diante da escassez de medicamentos, o médico Nilton Cavalcante fez um estudo de avaliação dos efeitos da glucana, um tipo de açúcar extraído do fungo *Saccharomyces cerevisiae* que se mostrara capaz de estimular as defesas contra agentes infecciosos em animais de laboratório. Os resultados, ele relatou, "não evidenciaram vantagem ou prejuízo evolutivo nos pacientes com infecção por HIV que a receberam, em relação ao grupo-controle".[55]

Silvia Bellucci e Nelson Duran, com a concordância de Odilon, Iseu, Marcela Haun e os outros médicos do Corsini, planejaram a aplicação experimental do SB-73 em pessoas com HIV/Aids. Os estudos de segurança e eficácia começaram em 1988 com um experimento simples, do qual participaram 25 voluntários com HIV, que se enquadravam nos critérios de inclusão do estudo. Nelson Duran notou o cuidado com que Silvia Bellucci fez os acordos de consentimento dos pacientes, calculou as dosagens e preparou as aplicações do SB-73, mas se incomodou ao ver que não havia o rigor que ele considerava necessário na coleta e registro das informações sobre os pacientes em tratamento. Como não conseguiu melhorar os métodos de acompanhamento dos pacientes, ele se afastou e ela assumiu o controle da operação.

Nessa época não havia regras claras sobre como fazer ensaios clínicos de medicamentos no Brasil, estipulando direitos e deveres de médicos, pacientes e instituições, e os médicos tinham muita liberdade para definir o que deveria ser feito. "Ela estava fazendo o que se faria normalmente", concluiu o infectologista Celso Ramos, que, anos depois, a pedido de Lair Guerra, do Ministério da Saúde, visitou o Centro Corsini e conversou com Silvia Bellucci para examinar seu trabalho com o SB-73. A seu ver, ela não se convencera da necessidade de fazer o chamado ensaio duplo-cego, que normalmente assegura resultados consistentes. Por meio desse tipo de teste, um grupo de pacientes toma um medicamento e outro grupo toma outro ou placebo, sem que o paciente nem o médico saibam, enquanto o estudo está correndo, o que estão recebendo ou aplicando, como forma de obter resultados isentos de qualquer influência pessoal. "Nossa geração não teve esse treinamento", disse Celso Ramos.

Silvia Bellucci reconheceu suas limitações: "Não era possível comparar um medicamento experimental, o SB-73, com outro também experimental, o AZT, que ainda era caro". Para ver se o tratamento estava indo bem, ela adotava parâmetros clínicos, como apetite, ganho de peso e bem-estar. Um dos pacientes, após três doses, relatou melhoras na disposição física e no humor, e diminuição da diarreia. Outros relatavam redução da depressão e de dores nas articulações. Os exames de sangue, feitos antes do início e, sempre que possível, ao longo do tratamento, indicavam a recuperação dos níveis de células brancas, principalmente os linfócitos. "Era tudo tão inusitado", comentou Denise Ciampi, que participava do atendimento às pessoas em tratamento no Centro Corsini. "Os pacientes estavam animados com o novo medicamento, eram jovens, não queriam morrer. Tomavam com muita esperança e muita confiança."

Antes do trabalho em Campinas, o SB-73 já tinha sido usado contra a Aids. Em 1984, Daniel, rapaz forte – fazia musculação – de 20 e poucos anos, acompanhado pela mãe, marcou uma consulta com Odilon, a quem tinha sido indicado por amigos com HIV/Aids, contou que tinha sido infectado – era usuário de drogas – e pediu que lhe aplicasse seu remédio. Daniel assinou um termo de consentimento antes de começar o tratamento e, como morava em São Paulo, recebia os vidros com o medicamento pelo correio; ele usou o SB-73 durante cinco anos, até falecer, em 1989, de infecção cardíaca.

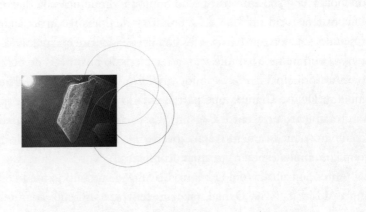

▪ Provas difíceis

Em 1988, Odilon, Marcela Haun e Iseu foram à Secretaria de Saúde, que nessa época funcionava no centro de São Paulo, para se reunir com Alexandre Vranjac, professor de medicina preventiva da Faculdade de Ciências Médicas da Santa Casa que ocupava o cargo de coordenador de saúde da comunidade, logo abaixo do secretário de saúde. Como coordenador do Centro de Vigilância Epidemiológica, criado por ele para identificar, prevenir e controlar os problemas de saúde pública, Vranjac foi um dos líderes do combate a uma epidemia de meningite, responsável pela morte de 761 pessoas e pela hospitalização de outras 8.404, sob suspeita de terem sido infectadas, de janeiro a abril de 1975 na Grande São Paulo. Anos depois ele defendeu a ampliação da campanha de vacinação contra poliomielite e enfrentou um aumento do número de casos de sarampo, causa de 32 mortes e 303 internações no primeiro semestre de 1984. A preocupação com a pólio e com o sarampo, duas doenças contagiosas, ainda não tinha passado quando as notícias sobre Aids começaram a chegar com mais frequência.[56]

Odilon, com base em resultados preliminares dos testes *in vitro* realizados na Unicamp, mostrou-lhe a possibilidade de testar o SB-73 contra herpes. Vranjac ofereceu outra possibilidade: em vista da ação contra vírus e da pouca toxicidade dessa substância, não seria possível usá-la para deter a Aids? "Vranjac disse 'estou gerenciando uma secretaria de cadáveres, está morrendo gente que nem formiga'", relembrou Iseu. Apesar da mudança de planos, Odilon aceitou a proposta. Paulo Teixeira, então coordenador da vigilância epidemiológica de Aids no Estado de São Paulo, foi quem recebeu a incumbência de providenciar as análises formais do SB-73.

Grisalho, magro, estatura média, falando com firmeza, calma e autoridade, Paulo Teixeira reviu a situação 24 anos depois. Os pacientes e seus familiares, ele lembrou, estavam interessados em novos medicamentos, desejavam saber se e quando poderiam usar o SB-73 e perguntavam por que a Secretaria de Saúde não dava mais atenção àquele medicamento, já que havia relatos favoráveis de pessoas que se tratavam em Campinas. Ele não se esquecera de que, no início da epidemia de Aids, Silvia Bellucci o ajudara a acolher no hospital da Unicamp pacientes que ele enviava quando não encontrava espaço em São Paulo. Em 1988, porém, ela tinha saído da Unicamp e dirigia outra instituição, o Centro Corsini. Paulo Teixeira temia que, se a possibilidade de ampliar os testes em Campinas com o apoio do poder público avançasse – "partindo do pressuposto de que [o medicamento] funcionava", ele ressaltou –, o Estado teria de considerar a possibilidade de comprar o medicamento cuja argumentação lhe parecia inconsistente e comprometer o orçamento exíguo em um momento em que começavam a examinar a possibilidade de importar AZT.

O AZT foi sintetizado em 1964 para ser usado como medicamento contra câncer, mas foi abandonado por causa da alta toxicidade e da eficácia baixa nos testes em camundongos. Vinte anos depois, já sabendo que o HIV, um retrovírus, era a causa da Aids, pesquisadores da Burroughs Wellcome, hoje GlaxoSmithKline, começaram a procurar compostos que pudessem agir como antivirais. Como seguiam a ordem alfabética, chegaram logo ao AZT e encontraram uma informação preciosa: um pesquisador da Alemanha verificara que essa molécula poderia ser ativa contra retrovírus em ratos, bloqueando a enzima transcriptase reversa e detendo a multiplicação do vírus.

Após o Instituto Nacional do Câncer (NCI) dos Estados Unidos confirmar a ação *in vitro* do AZT contra o vírus da Aids, em fevereiro de 1985, tudo foi muito rápido – e avidamente acompanhado por jornalistas, médicos, pesquisadores e pessoas com HIV. Alguns meses depois começaram as avaliações, com um grupo de 19 pacientes infectados; os resultados, apresentados em março de 1986, indicaram que o AZT poderia prolongar a vida das pessoas com HIV. Dos primeiros testes até sua aprovação pela recém-criada Agência de Medicamentos e Alimentos (FDA), em março de 1987, correram 25 meses, um dos prazos mais curtos da história recente do desenvolvimento de novos medicamentos. Três meses depois saíam os resultados positivos de um estudo duplo-cego sobre a eficácia e a toxicidade aceitável do AZT. O trabalho foi interrompido porque os 142 participantes que haviam recebido o medicamento se recuperavam rapidamente da infecção, enquanto o estado de saúde dos outros 137, que haviam recebido placebo, deteriorava-se.[57]

Enquanto o AZT agia diretamente sobre o HIV e era produzido por uma empresa farmacêutica, um composto chamado AS-101, outro candidato a medicamento contra Aids a ser testado no Brasil, conforme declaração de Lair Guerra em julho de 1988, tinha sido desenvolvido em uma universidade de Israel e estimulava a produção de células de defesa e de moléculas de comunicação chamadas citocinas.[58] Em 1988 havia apenas indicações *in vitro* da ação antiviral do AS-101 e resultados dos estudos clínicos iniciais, apresentados no Congresso Internacional de Aids daquele ano na Suécia. A equipe responsável pelo trabalho argumentava que a toxicidade do AS-101 era baixa; um dos efeitos indesejados era a liberação de um forte cheiro de alho, como resultado de reações do elemento químico telúrio, um de seus componentes.[59]

Em meio ao debate, Paulo Teixeira chamou virologistas e imunologistas do Instituto Adolfo Lutz e lhes apresentou a tarefa de planejar os testes de avaliação do SB-73. Um dos resultados da reunião foi um ofício com a data de 19 de setembro de 1988, enviado a Iseu Nunes, diretor do Cedecab: "Atendendo sua solicitação, devo informar que os profissionais do Centro de Referência e Treinamento em Aids, da Secretaria de Estado da Saúde de São Paulo, que estarão envolvidos no protocolo em questão, concluíram ser necessária a avaliação *in vitro* da atividade antiviral da substância antes da sua administração a pacientes". O ofício, disse Paulo Teixeira ao reler o documento de duas páginas no final da manhã de 2 de outubro de 2012, era uma maneira de mostrar que "a abertura necessária tinha ocorrido e que seria o ponto de partida para qualquer manifestação" da Secretaria de Saúde. Servia também para estabelecer as regras de trabalho que eles acreditavam que deveriam ser seguidas. Aparentemente, havia um plano – começar pelas análises mais simples e fazer os exames de toxicidade antes de seguir com os testes em seres humanos – que convergia com as propostas da equipe do Cedecab.

O tempo correu, os pesquisadores não enviaram amostras do SB-73 e as análises no Adolfo Lutz não foram feitas. Terminou logo, portanto, o que dificilmente poderia avançar. Mesmo se os testes tivessem sido feitos, o SB-73 dificilmente entraria na agenda da Secretaria de Saúde porque não apresentava ação antiviral direta sobre o HIV, como logo depois foi confirmado por meio de dois testes feitos nos Estados Unidos, um no New York Blood Center (NYBC) e outro no NCI.[60] Se por um lado o resultado do NCI descartava outras análises, já que naquele momento se buscavam compostos que agissem diretamente sobre o HIV, por outro fortalecia a possibilidade de o SB-73 agir indiretamente sobre microrganismos e tumores, ativando e reequilibrando as defesas do organismo. O SB-73 era, em uma palavra, um imunomodulador, uma categoria de medicamento que incluía o AS-101 e a ribavirina, antiviral usado com interferon para tratar hepatite C. Os imunomoduladores eram malvistos no final da década de 1980 por causa da dificuldade de prever e avaliar as respostas do organismo. Começaram a ser mais aceitos na década de 1990, quando as limitações e os efeitos colaterais indesejados dos antirretrovirais se mostraram mais evidentes.

Ao saber que Vranjac havia morrido de infarto em 21 de novembro de 1988, Iseu Nunes sentiu que havia perdido seu maior – talvez único – aliado na Secretaria. Os assessores a quem Vranjac havia repassado a tarefa de cuidar do SB-73 não se mostraram tão interessados na possibilidade de colaboração com a equipe do Cedecab. Naquele momento, a prioridade era a importação de medicamentos. Em 1989, a Secretaria de Saúde tratava com AZT quase 10% das pessoas com Aids no Estado de São Paulo e no ano seguinte começou a importar antivirais complementares. No final de 1990, o Ministério da Saúde adotou a política de distribuir medicamentos para quem precisasse e, no ano seguinte, o Programa Nacional de Aids começou a distribuir AZT gratuitamente. A distribuição universal e gratuita de medicamentos antirretrovirais freou o avanço da epidemia, ao atender um número crescente de infectados, mas os gastos crescentes, que quase triplicaram, ameaçavam a continuidade dessa estratégia.[61]

Muitos anos depois, nos Estados Unidos, o P-Mapa seria mais bem recebido. No início de 2006, ao receber um pedido de avaliação do fármaco brasileiro, Heather Greenstone, diretora da divisão de testes em vírus do Instituto Nacional de Alergia e Doenças Infecciosas (NIAID), analisou os resultados dos experimentos feitos no Brasil e concluiu que o composto não deveria funcionar *in vitro*, mas poderia funcionar *in vivo*, por atuar sobre o sistema de defesas do organismo. Heather e, um ano depois, Robert Goldman, coordenador de um programa de desenvolvimento de fármacos contra tuberculose, criaram uma linha de pesquisa em imunomoduladores no NIAID, cuja inexistência poderia levar a resultados desapontadores. Foram feitos dois testes em camundongos. O primeiro indicou que o P-Mapa poderia ser usado em uma dosagem única e menor que a da ribavirina, usada como padrão de comparação, contra um tipo de vírus bastante agressivo. O segundo registrou uma eficácia do P-Mapa equivalente – e complementar – à da moxiflaxina, antibiótico de última geração para tratamento contra tuberculose, uma das principais infecções oportunistas que acometem as pessoas com Aids.[62]

* * *

O trabalho com o SB-73 em Campinas contava com o apoio da coordenadora do Programa Nacional de Doenças Sexualmente Transmissíveis e Aids do Ministério da Saúde, Lair Guerra de Macedo Rodrigues.[63] Piauiense formada em Ciências Biomédicas em Recife, Lair Guerra trabalhou seis anos com doenças sexualmente transmissíveis no Centro de Controle e Prevenção de Doenças (CDC) dos Estados Unidos na época em que eram realizadas ali as primeiras pesquisas com HIV. De volta ao Brasil, foi professora na Universidade de Brasília até aceitar o convite para coordenar o programa de Aids do Ministério da Saúde. Ela chamou alguns médicos, entre eles o clínico geral Luiz Loures e o infectologista Celso Ferreira Ramos Filho como seus assessores, incentivou a participação de organizações não governamentais, reforçou o controle dos bancos de sangue, um dos meios de disseminação do HIV, e insistiu que o governo brasileiro pedisse empréstimos internacionais para reforçar as campanhas de prevenção contra Aids.

"Lair era uma mulher muito forte, tinha grande poder e um jeito muito objetivo de trabalhar; ela sabia de tudo", disse Silvia Bellucci, que conheceu Lair Guerra em 1987 no Ministério da Saúde. "Não fui eu quem falei para ela sobre o SB-73, mas se ela pessoalmente não quisesse ou não acreditasse, não teria feito nada. Lair me ligou e mandou Loures ver o que era, mostramos, acharam que fazia sentido. Ela falou na comissão da Organização Mundial da Saúde e o chefe do desenvolvimento de drogas para Aids veio a Campinas em 1992, com Celso Ramos e Loures. Dr. Odilon também estava lá, foi uma das poucas vezes que ele veio a Campinas."

Celso Ramos, após visitar o Centro Corsini, concluiu: "Não havia ciência básica suficiente que justificasse o emprego clínico que estava sendo feito. E o emprego clínico não permitia qualquer avaliação", disse ele em 2012. Silvia Bellucci contra-argumentou: "Eles [os assessores do Ministério da Saúde] analisaram os protocolos, acharam que havia indícios de que devia ser uma boa coisa e fizeram sugestões, tinha de ter mais controle. Estava indo muito bem, enquanto outros laboratórios complementavam o trabalho, uma rede estava se formando". Mesmo que tudo estivesse certo, observou Celso Ramos, naquele momento o programa de Aids do governo federal não tinha dinheiro para ações mais ousadas; anos depois é que o Congresso aprovou um empréstimo do Banco Mundial que permitiu ações mais abrangentes contra o avanço da epidemia no Brasil. Para ele, algum laboratório farmacêutico é que deveria estar cuidando daquilo, não um grupo de pesquisadores.

Nos primeiros anos da Aids no país, a prioridade era atender pessoas contaminadas com o vírus e deter o espalhamento da epidemia; desenvolver novos medicamentos, especialmente sem saber como fazer, não era prioridade. Os pesquisadores e médicos de universidades ajudavam a conhecer melhor a doença e a aprimorar o atendimento às pessoas infectadas; anos depois é que começaram a participar da execução das etapas finais de avaliação de medicamentos que empresas multinacionais pretendiam fabricar no Brasil.

"Não sei se, naquele momento, havia fôlego que permitisse o desenvolvimento de fármacos, que demandariam um grande esforço em ciência básica, epidemiologia e investimentos em testes", comentou Alexandre Grangeiro, pesquisador da Faculdade de Medicina da USP que, em 1988, trabalhava no Centro de Referência e Treinamento em Aids. Em 2003, no Ministério da Saúde, Grangeiro participou de um mapeamento de equipes acadêmicas de pesquisa que desenvolviam moléculas que pudessem ser usadas no tratamento de Aids. Encontraram quase uma dezena de grupos com compostos promissores, que a equipe do Ministério pretendia articular com órgãos financiadores e empresas farmacêuticas para de fato resultar em algum medicamento nacional original contra Aids, mas nenhuma das moléculas promissoras avançou a ponto de cumprir os objetivos imaginados.

* * *

Em junho de 1991, Iseu Nunes, sua primeira esposa, Marli Rodrigues Herrera, Marcela Haun e Silvia Bellucci foram ao Congresso Internacional de Aids em Florença, na Itália, para expor os resultados dos testes clínicos preliminares e procurar parceiros para testar o SB-73. Eles se surpreenderam com a receptividade em Florença. Antes de viajarem, eles tinham pedido informações sobre hospedagem à embaixada brasileira. O diplomata que os atendeu disse que conhecia o SB-73 e pediu para não se preocuparem. Não se preocuparam, mas não esperavam que o próprio diplomata os esperasse no aeroporto e os levasse até o hotel.

Os resultados, apresentados na forma de pôster, eram facilmente criticáveis, já que não estabeleciam comparações claras sobre a eficácia do medicamento. Todos os participantes do estudo haviam tomado a medicação, não havia grupo-controle e a distribuição entre eles era desequilibrada: eram 23 homens e duas mulheres, em diferentes estágios da doença; um deles recebera sulfa e dois, AZT. De acordo com os relatos, houve melhora clínica em todos os casos e elevação de células de defesa na maioria dos casos – a eficácia do composto era maior nos estágios iniciais da doença. Não se observou nenhum efeito colateral indesejado decorrente do uso do SB-73, e a toxicidade do tratamento com sulfa e AZT aparentemente tinha sido eliminada com o SB-73.[64]

O ano de 1991 terminou com a perspectiva de realização dos testes clínicos, essenciais para o registro e a produção do SB-73, em hospitais públicos de São Paulo, Rio de Janeiro e Minas Gerais.[65] Iseu Nunes esperava conseguir o apoio da Organização Mundial da Saúde (OMS) e da Organização Panamericana de Saúde (Opas) para elaborar o projeto dos ensaios clínicos, que poderiam tomar mais dois anos, dependendo, disse ele, "da capacidade dos hospitais que farão parte da rede de testes e da nossa própria capacidade de produzir o SB-73".[66]

O plano não funcionou. Em uma carta dirigida a Iseu Nunes, com a data de 3 de setembro de 1991, Fernando Zacarias, consultor do programa de Aids e doenças sexualmente transmissíveis da Opas, informava que a equipe da OMS poderia fornecer apenas suporte técnico para o desenvolvimento de um teste de avaliação da eficácia do SB-73 em pessoas com HIV/Aids, sem que esse apoio implicasse endosso do estudo ou compromisso para seu financiamento. Em outra carta, de 25 de novembro de 1991, Marc Karam, coordenador do programa de Aids da OMS, informou que a carta de Zacarias tinha sido avaliada no final de outubro pelo Comitê de Pesquisa Clínica e Desenvolvimento de Medicamentos. O comitê havia concluído que uma base científica mais consistente seria essencial para "o desenvolvimento sistemático de métodos bem-sucedidos de tratamento". Karam recomendava que procurassem as autoridades do Brasil.

Até este momento, cerca de 100 pessoas tinham recebido o SB-73 no Centro Corsini. Silvia Bellucci teve de parar de aplicá-lo nos pacientes com HIV/Aids em consequência da pressão dos órgãos do governo, que enfatizavam a importância de mais estudos antes do uso em seres humanos, e também pelos conflitos familiares entre os Silva Nunes, que se intensificaram em 1994, causando a interrupção do envio do medicamento. Em 2008 ela se mostrou ressentida com os embates por causa do SB-73, mas, indagada se testaria o medicamento outra vez, caso pudesse, respondeu de imediato: "Testaria, com certeza. Nosso objetivo continua o mesmo de antes. Não quero que meu paciente soropositivo se torne um paciente com Aids".[67]

Parte 6

Ascensão e queda

- Três dias e três noites em Campinas

"Gordo, entre em ação!", apressou Iseu Nunes, falando para José Marcelo Tramarin, ao ver que outro rato branco da linhagem Wistar estava ofegante após a coleta de sangue. Já tinham perdido três. Se os animais continuassem desmaiando e morrendo, o estudo de toxicidade de longa duração do SB-73 seria perdido. Nos três meses anteriores, uma equipe coordenada por Alba Brito tinha aplicado diariamente a substância em dosagens diferentes em 120 ratos no Centro de Pesquisas da Rhodia, onde as análises mais simples, de curta duração, tinham sido feitas.[68]

Para encerrar o estudo de toxicidade de longa duração em ratos, era preciso retirar sangue e, no mesmo dia, sacrificar os animais e coletar os órgãos para serem analisados, em busca de sinais de eventuais danos causados pelo uso do SB-73 em uma dosagem até 100 vezes maior que a terapêutica por 90 dias seguidos. Com esse objetivo quase 20 pessoas haviam se reunido na manhã de sexta-feira, 8 de dezembro de 1990, feriado municipal em Campinas, em um laboratório recém-inaugurado do Instituto de Biologia, que teriam de devolver limpo e arrumado na manhã de segunda. Estavam ali, todos de jaleco branco, organizados como em uma linha de produção ao longo das bancadas do laboratório: Alba Brito e sua equipe da Rhodia,[69] Iseu Nunes, Marcelo Tramarin e outro técnico da Unesp, José Carlos Mendonça, Marcela Haun, Nelson Duran e o médico Sidney Arcifa com três assistentes. Sidney Arcifa havia se prontificado a fazer, sem cobrar, os exames bioquímicos de sangue em seu laboratório de análises clínicas.

Os estudos de toxicidade em camundongos e ratos e depois em macacos só foram possíveis porque Odilon e Iseu trabalharam durante meses para produzir SB-73 na quantidade suficiente para atender às necessidades dos pesquisadores. Ainda trabalhando sozinho, Odilon se inquietava com o tempo de produção, que lhe parecia muito longo, 60 dias, implicando alto custo se adotado em escala industrial. Com alguns ajustes, conseguiu reduzir o processo de fermentação para cinco dias. Ele tinha observado que, variando o meio de cultura, o fungo produzia compostos diferentes. Uma conclusão possível, que poderia ser chamada de Primeira Lei de Odilon, é que a complexidade dos compostos é diretamente proporcional à complexidade do meio de cultura. Diante dessa versatilidade, Odilon e Iseu adotaram a expressão *fungo dançarino*, que dançava de acordo com o meio de cultura.

O trabalho para aumentar a escala de produção de 1 para 100 litros tinha começado anos antes, enquanto eram feitos os testes de caracterização química do SB-73. Aqui caberia a palavra sorte para explicar o fato de Iseu ter encontrado exatamente o que precisava, os quatro volumes do *Tecnologia de Fermentações*, de Urgel Lima, Eugênio Aquarone e Válter Borzani, inexplicavelmente à venda em uma banca de jornais em Birigui. Sorte seria também uma boa palavra para o fato de o fungo – já previamente selecionado e domesticado por Odilon – ter se comportado em equipamentos maiores, com muito mais meio de cultura, do mesmo modo que nas jarras de vidro com bem menos nutrientes; normalmente é preciso mudar ingredientes ou a proporção entre eles, como ao adaptar uma receita de bolo para um bolo dez vezes maior que a receita original.

Para produzir mais, eles precisavam de um equipamento maior – um fermentador de 100 litros –, mas não tinham dinheiro para comprar um do tipo mais usado, de aço inox. Em busca de alternativas,

Iseu pensou em fazer um fermentador de fibra de vidro, o mesmo material que revestia seu carro, um Puma. Encontrou um desenho no *Tecnologia de Fermentações* e o levou a uma empresa que fazia piscinas de fibra de vidro, a Fibrasil, de Araçatuba. O fermentador de fibra com capacidade para 100 litros não tinha tanto charme quanto um de aço inox, mas funcionou do mesmo modo e a um custo bem menor. Ainda havia incertezas, porque "fungo é *prima donna*, quando diz 'não vou produzir', não produz", atestou Iseu. Como provável consequência dos caprichos do fungo, muitas vezes o meio de cultura se transformava em uma solução gelatinosa, não no líquido espesso amarelado do qual se extraem os cristais. Os homens que trabalharam com a produção da penicilina na época da Segunda Guerra Mundial já haviam concluído que o fungo era tão temperamental quanto uma cantora de ópera.[70]

Em 1989, ao ver que o grupo de Campinas não conseguiria fazer todos os testes de avaliação preliminar do SB-73, Iseu reapareceu na Faculdade de Odontologia da Unesp, em Araçatuba, agora como um dos coordenadores da pesquisa, não mais como um adolescente ao lado do pai. Celso Martinelli, que ainda chefiava o departamento de patologia, por fim concordou em liberar Marcelo Tramarin, seu técnico mais experimente, para participar da operação de retirada de órgãos e sangue dos animais do estudo de toxicidade de longa duração.

"Passamos um mês preparando o material. Eram mais de 50 vidros para os tecidos e órgãos retirados de cada animal", recordou Marcelo Tramarin, naquela época ainda chamado de Gordo; em 2011, três anos após um infarto, estava magro. Sua prática em lidar com animais era antiga: "Minha avó cortava o pescoço do frango e lá estava eu com a canequinha para colher o sangue". A primeira coisa que pretendiam fazer com os animais no laboratório emprestado da Unicamp era coletar sete mililitros de sangue por uma artéria atrás do olho, mas vários animais desmaiavam após a retirada de sangue e morriam por parada cardíaca. Marcelo ouviu Iseu lhe pedir para agir com rapidez, pegou um instrumento que ele tinha levado – um cachimbo, usado para conduzir eletricidade das velas de motos –, pôs a parte menor do cachimbo em sua boca e a maior no nariz do rato e assoprou várias vezes. Deu certo, o animal voltou a respirar, e prosseguiram com a retirada de amostras de sangue, que Sidney Arcifa ou suas assistentes colocavam em tubetes plásticos, organizados em caixas de isopor com gelo que ele havia levado.

Naquele grupo, observou Sidney Arcifa, "havia espírito de pesquisa, havia entusiasmo". Primeiro médico a ingressar no grupo, ele conheceu Alba Brito em 1989 por meio de Gilberto Mazzotini, goleiro do Vila Nova que trabalhava com ele e a conhecia. Paulista de Jundiaí formado pela USP, Sidney Arcifa tinha criado seu próprio laboratório de análises clínicas porque não se adaptara à vida de professor na Unicamp. Ao convidá-lo para entrar na pesquisa do SB-73, Alba Brito avisou: "O pessoal não tem dinheiro. Você pode fazer sem cobrar?" "'Claro', respondi. Não me fez diferença. Eu fazia junto com os outros testes de rotina. Os testes já estavam automatizados. O custo para toxicologia era essencialmente o de mão de obra. Eram exames simples, mas completos, de bioquímica de sangue, proteínas, cálcio, fósforo, coagulação, hemoglobina, funções do fígado, rim e sangue e urina", ele contou. Além do gosto pela pesquisa, havia uma motivação mais profunda: "Meu inconformismo desde o começo era contra a morte. Mania de lutar contra a morte. No Hospital das Clínicas da USP, eu passava a noite com crianças com leucemia vendo se as salvava".

Em seu laboratório de análises clínicas, o Prevlab, que funcionava no Largo do Pará, uma praça com coreto e árvores altas no centro de Campinas, Sidney Arcifa observou o efeito do SB-73 nas células do sangue dos ratos brancos. "Um efeito fantástico", ele notou. Os exames indicaram um aumento das populações de um grupo de células brancas, os linfócitos CD4 e CD8, vitais para deter infecções como a causada pelo vírus da Aids. "Os resultados sugeriam um efeito imunológico, de ativação do sistema imune, de preparo, como se o organismo fosse combater uma infecção", disse ele em fevereiro de 2011. Era uma "imunoestimulação não específica", "com alterações positivas, que melhoravam a aptidão imune", concluiu o médico, ao observar a mobilização das células em resposta a uma substância que poderia ajudar na luta contra a morte, como ele havia desejado muitos anos antes.

* * *

Tempos depois é que definiram a identidade do fungo. A bióloga gaúcha Elisa Esposito chegou a Birigui em uma ensolarada tarde de sexta-feira do início de 1991 com Nelson Duran – eram casados – com a tarefa de examinar e ajudar a aprimorar os métodos de preservação do fungo empregado na produção do SB-73. Iseu estava preocupado, sem saber se estavam cuidando adequadamente do fungo – e se o perdessem? – e, em um das visitas a Nelson, convidou Elisa para ver o que faziam, já que ela lidava com fungos desde o curso de Biologia em Porto Alegre.

Na manhã seguinte ela se surpreendeu ao ver que o laboratório era um cômodo de seis metros quadrados, meio escuro, "talvez por acharem que o fungo se dava melhor com pouca luz", ela comentou em outubro de 2012, na ampla lanchonete do *campus* da Universidade Federal de São Paulo (Unifesp) em São José dos Campos, onde havia sido contratada como professora e pesquisadora poucos meses antes. No centro do laboratório que ela visitara quase 22 anos antes estava o fermentador de fibra de vidro usado para produzir o SB-73. Elisa espalhou seus equipamentos nas bancadas próximas às paredes, ligou o bico de Bunsen, um queimador a gás, esterilizou alguns vidros, tirou uma amostra do fungo e a guardou para levar para Campinas. Outra parte ela pôs em placas de Petri com extrato de malte, um meio de cultura que ela havia levado, onde os fungos crescem facilmente. O método de cultivo do fungo – o meio de cultura – era sigiloso, mas ela já tinha tido uma pista de sua composição ao ver Iseu comprando muitos pacotes de gelatina sem sabor em um mercado de Campinas. O meio de cultura mais comum – e mais caro – era o ágar-ágar, um conjunto de fibras e açúcares de algas marinhas. Ela sugeriu a Odilon um método de preservação empregado há décadas: cortar um pedacinho do fungo que crescia no meio de cultura inicial e depositá-lo em um vidro com água destilada. No final do domingo os fungos depositados em uma placa com extrato de malte formavam pequenos pontos verdes, indicando que tinham começado a crescer e o método alternativo que ela havia proposto estava funcionando.

Sua próxima tarefa era identificar o fungo. Após verem que não era um *Streptomyces*, pensaram que se tratava de *Penicillium*, o mesmo gênero de fungos usado na produção de penicilina. Também não era. Elisa cultivou o fungo por alguns dias em seu laboratório em Campinas, colheu uma amostra e a entregou para uma bióloga mais experiente de um centro de pesquisa especializado na seleção e preservação de microrganismos. As duas concluíram que se tratava de *Aspergillus oryzae*, que produz esporos verdes como o *Penicillium*, mas são distintos quando vistos sob o microscópio. Desse modo, uma espécie relativamente comum e bastante usada – chineses e japoneses empregam o *Aspergillus oryzae* há milênios para produzir molho de soja, queijo de soja e saquê – estava fazendo algo extraordinário, embora já houvesse indicações de que pudesse produzir substâncias antivirais e antitumorais.[71]

Por vários anos eles mantiveram uma cultura liofilizada do fungo como forma de preservar a amostra original, caso surgissem problemas mais tarde. E surgiram. Em 2002, Odilon já tinha falecido e Iseu estava com dificuldade para fazer o fungo produzir e outra vez temia perdê-lo. Ele enviou para Elisa uma amostra do fungo, que ela cultivou em seu laboratório e mandou de volta uma massa muito maior do agora conhecido *Aspergillus*. O fungo não se perdeu.

▪ A prova dos macacos-prego

Durante o ano de 1991, Marcelo Tramarin, José Carlos Mendonça e Iseu Nunes trabalharam na análise dos órgãos e tecidos dos ratos levados de Campinas para a Unesp de Araçatuba, sem detectar sinais de efeitos colaterais indesejados do SB-73. Em seguida, fizeram um estudo de toxicidade reprodutiva em fêmeas de camundongos, que receberam doses baixa, média e alta de SB-73 durante a gestação, também sem detectarem efeitos prejudiciais sobre os filhotes, examinados logo após o parto.

Nessa época, outros pesquisadores da Unesp de Araçatuba tinham começado a estudar o SB-73, com o apoio de Ronaldo Maia Melhado, que havia assumido o departamento de patologia no lugar de Celso Martinelli, que se aposentara. Cláudia Misue Kanno, após terminar o curso de Odontologia, avaliou a possibilidade de o SB-73 causar malformação fetal em camundongos. Para isso, ela examinava o palato, conjunto de diferentes tecidos que formam o céu da boca. "Mesmo a dosagem acima da terapêutica não atrapalhou o fechamento do palato", ela observou. Ainda que em doses altas, o SB-73 também não interferira na formação de dentes de camundongos. Seu trabalho indicava a possibilidade de aplicar a substância em mulheres grávidas: "Quando uma mulher toma medicamentos antineoplásicos, o palato pode não fechar direito e a criança pode nascer com uma fenda ou com lábio leporino". Com o SB-73, aparentemente não havia esse risco.

Cláudia Kanno não pôde avançar porque Sebastião Hetem, o professor que acompanhava seu trabalho, havia se mudado para a Unesp de Araraquara e Iseu tinha desaparecido após os conflitos com a família. Em 2011, contratada como dentista no serviço de emergência da Unesp, ela ainda fazia pesquisa, algumas em macacos-prego (*Sapajus* ssp), mantidos em um prédio próximo no mesmo *campus*, o Núcleo de Procriação de Macacos-Prego, criado por José Américo de Oliveira. Alguns deles foram usados em outro estudo de toxicidade do SB-73, feito por recomendação dos assessores de Lair Guerra, do Ministério da Saúde. O núcleo consistia de uma sala com computadores, mesas e armários, uma sala de cirurgia com uma mesa com cobertura de vidro e uma balança para pesar bebês, usada nos estudos com macacos, e um biotério com animais espertos e barulhentos. Ao lado havia um viveiro com animais separados do grupo para evitar endogamia.

"Você já viu professor titular que cozinha milho seco e ovos para dar para macacos?", perguntou Américo em julho de 2011, aos 62 anos. Paulista de São João da Boa Vista, ele começou a dar atenção aos macacos-prego em 1975, alguns anos após ser contratado como professor de anatomia no curso de Odontologia da Unesp em Araçatuba, com o propósito de preservar a espécie e usar o eventual excesso de animais em estudos científicos. Quando Iseu o procurou, em 1990, ele e outros professores já tinham criado uma comissão para avaliar as propostas de pesquisa com macacos, mas ainda não tinham feito nada tão complexo como um estudo de toxicologia, nem tinham animais em número suficiente. Como a construção de três barragens nos rios Tietê e Paraná causaria a inundação de matas onde viviam muitos macacos, conseguiram o apoio de empresas e fazendeiros na captura de animais que seriam desalojados e poderiam invadir casas e plantações, apesar de uma lei proibindo a captura de animais silvestres. Capturaram 23 animais e os colocaram em gaiolas no biotério, ampliado com vigas de ferro e telas e coberto com lona de caminhão para protegê-los da chuva.

Quando Iseu perguntou à sua amiga Alda Macedo se ela poderia fazer os exames de sangue dos animais em busca de eventuais alterações causadas pelo medicamento, ela aceitou de imediato. "Acha que em Birigui eu teria chance de fazer algo do gênero?", perguntou

Alda Macedo 23 anos depois. Seus sócios Elias e Carmen Gimaiel a apoiaram. Depois de alguns dias no microscópio examinando amostras de sangue de dez animais que viviam no *campus* da Unesp, ela estabeleceu os padrões de um hemograma normal – as proporções entre células e outros elementos do sangue – de macacos-prego, de modo a embasar as análises a serem feitas.

Toda manhã, durante 30 dias, Américo, o técnico do laboratório de anatomia José Ari Gualberto Junqueira e Iseu atraíam os macacos para a câmara de sedação, construída com uma lata de 15 litros de óleo, ferros grossos e borrachas de panela de pressão, e os anestesiavam antes de aplicarem a injeção subcutânea de SB-73 em diferentes dosagens.[72] De 11 a 15 de dezembro de 1991, cinco animais foram anestesiados e sacrificados. Américo e Junqueira colheram amostras de sangue e começaram uma perfusão, que consistia na substituição do sangue por uma solução com formol para conservar os órgãos a serem retirados – linfonodos, encéfalo, fígado, rim, intestino, estômago e outros – em busca de alterações causadas pelo medicamento.

Ao ver os exames dos tecidos e órgãos, Américo observou que havia apenas "poucas células afetadas no fígado, nada significativo". As análises indicaram um possível caminho de ação do composto no organismo, já que os órgãos em que a substância mostrava mais efeito eram medula óssea, baço e timo, justamente onde se formam e amadurecem as células de defesa contra microrganismos e tumores. Os exames de sangue dos animais que haviam recebido SB-73 não indicaram qualquer alteração indesejada. "Ao contrário, os macacos ficavam mais fortes!", observou Alda Macedo. Ela registrou um aumento no número de leucócitos, principalmente linfócitos e neutrófilos, em todos os animais tratados, sem alterações morfológicas nas células do sangue e nos níveis de glicose.[73]

As duas operações – os testes de toxicidade de 90 dias com os ratos Wistar, um ano antes, e agora com os macacos – revelaram a fibra, a motivação e o poder de organização de um grupo de pesquisadores de universidades e de empresas, e não indicaram sinais relevantes de toxicidade nos animais, mesmo nas dosagens mais altas. As informações obtidas, porém, não se converteram em argumentos que favorecessem a continuidade dos testes. Em setembro de 1992 os assessores do Ministério da Saúde e os consultores da OMS, desabituados a lidar com projetos desse tipo, reunindo centros de pesquisa e empresa nacionais, propuseram a interrupção dos testes no Centro Corsini até que se realizassem os ensaios clínicos formais de avaliação do SB-73.

* * *

Ao voltar de Campinas em dezembro de 1990, Marcelo Tramarin organizou as amostras de tecidos e órgãos dos animais dissecados, preservadas em vidros com formol ou latinhas de cerveja com parafina, nos armários do departamento de patologia da Unesp de Araçatuba. Sempre que podia, ele cortava os órgãos em fatias finíssimas e as montava em lâminas de vidro para permitir as análises microscópicas de eventuais alterações causadas pelo SB-73. Em 2011 ainda havia dezenas de vidros com formol e latas com parafina nos armários, já que nem todo o material tinha sido cortado e montado em lâminas. Os estudos com o P-Mapa renasceram ali com Renata Callestini, que, 20 anos antes, como estagiária, aprendera com Marcelo Tramarin a sacrificar, abrir e examinar os animais usados nos experimentos. Agora como professora, outra vez ao lado dele, examinava a ação do P-Mapa em câncer de boca induzido em hamsters. Em comparação com o grupo-controle, 22 semanas depois do início do experimento, os animais tratados não haviam desenvolvido tumores ou apresentavam uma doença bem menos agressiva.

Os experimentos com diabetes induzida em ratos também impressionaram. Os animais tratados chamaram a atenção quando estavam ainda no biotério, porque não urinavam em abundância como se esperaria de animais diabéticos. O P-Mapa fora aplicado uma semana após o diabetes ter sido induzido por uma substância que destrói as células produtoras de insulina, o hormônio que regula a absorção de glicose pelas células. Ninguém conseguia explicar, mas os exames de sangue indicaram uma redução expressiva do nível de glicose nos animais. Renata acreditava que, se os resultados pudessem ser extrapolados para pessoas com diabetes tipo 1, que necessitam de aplicações constantes de insulina, e a redução da taxa de glicose se confirmasse, o uso do P-Mapa talvez permitisse a redução no número de aplicações ou da dosagem de insulina.[74]

▪ A fama e suas consequências

A primeira reportagem sobre o SB-73 – sem contar a de 1979 no *Diário de Birigui*, que falava apenas de "um antibiótico" – foi publicada em novembro de 1990 no jornal *O Globo* com um título equivocado, "Unicamp produz nova droga antiviral"; o Cedecab era mencionado apenas por ter feito a seleção dos fungos usados para a produção da substância. O relato adotava o ano de 1985 como o início dessa longa história e centrava-se na universidade, que, "após cinco anos de pesquisas", apresentava "à comunidade científica o imunomodulador SB-73 – composto com propriedade de ativar as defesas imunológicas do organismo –, que é totalmente atóxico e tem comprovadamente propriedades antivirais e antitumorais". A conclusão era que se tratava de "uma terapia promissora contra a Aids", já que o AZT, o medicamento mais importante contra a doença, tornava-se mais conhecido não só por sua capacidade de salvar vidas, mas também por seus intensos efeitos colaterais, como anemia, cansaço, diarreia, dor de cabeça e vômitos.[75]

O noticiário se intensificou em 1991, criando uma demanda imensa de interessados em um medicamento que ainda não podia ser comercializado. Três dias depois de outra reportagem no *Globo*,[76] na noite de 21 de junho de 1991, uma sexta-feira, o locutor Cid Moreira abriu uma reportagem sobre Aids no *Jornal Nacional*, o mais importante telejornal da TV Globo, anunciando o *Globo Repórter* que seria exibido em seguida. "Apesar dos resultados promissores até agora, o SB-73 ainda tem um longo caminho a percorrer antes de se tornar um remédio para uso público", ele narrou. "Falta submetê-lo, antes de mais nada, a testes clínicos com controle rígido de possíveis efeitos colaterais, dosagem certa e tempo de uso. Isso tudo custa muito caro e dura mais ou menos dois anos. A esperança dos pesquisadores de Campinas é que alguma instituição internacional se apresente para financiá-los."

No início da reportagem no *Globo Repórter*, um locutor comentava que "os pesquisadores denunciam a falta de interesse das autoridades brasileiras para a continuidade dos estudos". De Campinas, a repórter Rosangela Rosam relatou: "Cada paciente está pagando pelo seu próprio tratamento [exames laboratoriais], mas as despesas são muito altas. Por causa disso muitos deles estão desistindo de colaborar com o projeto e param o tratamento". Outro repórter, Ernesto Paglia, comentou que, se os próximos testes confirmassem seu valor contra Aids e câncer, "a descoberta do SB-73 poderia ter uma importância nos anos 1990 comparável ao surgimento da penicilina 50 anos atrás". Então Odilon da Silva Nunes entrou em cena, caminhando na praça central de Birigui ao lado do repórter. A conversa prosseguiu em seu consultório. "O senhor estava longe de um grande centro, não tinha financiamento oficial...", disse o repórter. Odilon, mostrando as anotações de sua teoria sobre a origem do câncer e logo as devolvendo a um cofre, interrompeu: "... mas tinha uma vontade férrea". Em Campinas, Ernesto Paglia ouviu Silvia Bellucci e alguns pacientes. Um homem e uma mulher tratados com o SB-73 relataram recuperação de peso (o homem havia perdido 16 quilogramas) e o fim da febre e do herpes.

Quando o *Globo Repórter* foi ao ar, Iseu Nunes estava no Canadá. Pretendia ficar duas semanas na casa de sua irmã Silmara, mas em alguns dias voltou às pressas para Birigui. Prevendo a confusão que o programa na TV poderia causar, ele tinha insistido para Odilon se refugiar na casa de uma das filhas em São Paulo por pelo menos duas semanas. Odilon, porém, aquietou-se apenas alguns dias na capital, voltou a Birigui e viu que o programa na TV havia atraído centenas de pessoas que insistiam em levar o medicamento. Ao chegar, Iseu encontrou uma multidão à porta do consultório do pai, que tinha começado a atender a quem o procurava e, quando achava pertinente, a receitar seu medicamento.

O plano de cumprir todas as etapas de testes antes de liberar o SB-73 para uso amplo em pessoas, aparentemente com o aval de Odilon, desmoronava. Receitar um medicamento que ainda não havia passado por todas as avaliações exigidas para garantir sua segurança de uso e eficácia poderia destruir a credibilidade construída desde 1984. Iseu ficou ainda mais indignado ao ver que ele próprio tinha favorecido essa situação, ao construir o fermentador de 100 litros e ampliar a produção. Naquele momento, havia à mão uma boa quantidade de SB-73 para ser usada em trabalhos científicos. "Sem o estoque, Odilon não teria começado a atender", ele concluiu, muitos anos depois. "Antes de mais nada, ele era médico e, se tinha um medicamento à mão, ele achava que tinha o direito de usar."

Começaram os desentendimentos sobre os rumos da pesquisa. Odilon queria receitar seu próprio medicamento a quem ele achasse que precisava. Os pesquisadores do Cedecab, que haviam concordado em seguir as regras convencionais de desenvolvimento de fármacos, não queriam correr o risco de perder a credibilidade conquistada com esforço e diziam a quem queria comprar o SB-73 que o composto ainda era experimental e produzido em quantidades reduzidas, apenas para pesquisas, e não poderia ser cedido nem vendido, até que se confirmasse sua segurança de uso e eficácia em seres humanos. Em agosto de 1991 outra reportagem ampliou a confusão ao anunciar "A arma brasileira contra a Aids" e estabelecer uma comparação detalhada com o AZT.[77] Nesse mesmo ano o Ministério da Saúde havia começado a distribuir o AZT, adotado em larga escala em outros países desde o ano anterior.

As comparações entre o SB-73 e o AZT ganharam intensidade por meio de reportagens que exaltavam um – nacional e aparentemente sem toxicidade, ainda que não aprovado pelo governo – e criticavam outro – importado, caro e de alta toxicidade, embora já aprovado para uso –, evidenciando duas características comuns do jornalismo: o maniqueísmo deliberado e a prioridade do combate sobre o debate.[78] Os relatos jornalísticos eram também otimistas, supondo que tudo correria bem com as avaliações necessárias para fazer do SB-73 um medicamento contra Aids, e simplistas, expressando o desconhecimento dos jornalistas e dos pesquisadores sobre o desenvolvimento de fármacos. O título de uma das reportagens assegurava que o "remédio brasileiro contra Aids" iria entrar "na fase III de testes clínicos", mas fase III é a etapa final dos ensaios clínicos, e o SB-73 ainda não havia sequer iniciado a fase I. No mundo todo, o desenvolvimento de um novo medicamento é lento, difícil e caro. Por que seria diferente no Brasil? Por que se achava que seria possível fazer um medicamento novo no país, que ainda não tinha nenhum medicamento original? O primeiro medicamento sintético nacional, uma versão similar ao Viagra, foi aprovado apenas em 2007. As moléculas apresentadas como medicamentos promissores por pesquisadores acadêmicos e jornalistas não cumpriram as metas prometidas de avaliação em seres humanos, gerando apenas a sensação inicial de contentamento do efeito do anúncio.[79]

As notícias sobre o SB-73 prosseguiram. Em 1992, outra reportagem da revista *Globo Ciência* oferecia pela primeira vez uma visão abrangente dos efeitos do SB-73 em modelos experimentais animais e em seres humanos, ao relatar a inibição *in vitro* de 100% de herpes tipo 1, adenovírus tipo 5 e estomatite vesicular, a inibição superior a 95% de parvovírus e cinomose em cães e de 100% de herpes tipo 1 em humanos, a ação antitumoral superior a 95% em vários tipos de tumores em camundongos e o estímulo à produção de linfócitos em camundongos, ratos, macacos e seres humanos. A reportagem alimentou a hostilidade dos médicos ao enfatizar os contrastes entre o SB-73 e AZT.[80] Em um informe de 1992, os médicos da Comissão Científica de Aids da Secretaria de Saúde do Estado de São Paulo criticavam severamente o composto: "O uso de imunoestimuladores, como o SB-73, presentemente em voga vendidos como eficientes, ou de misteriosa vacina japonesa que possuiria virtude terapêutica, por exemplo, esbarra em problemas éticos e até policiais; são coisas utilizadas sem contraprovas, em experiências anedóticas, dependentes de raras e inconclusivas imaginações de vantagens e comercializadas antes da obtenção da imprescindível documentação decente".[81]

O Centro Corsini, por causa dos testes em andamento, encontrava-se naquele momento em primeiro plano, até mesmo nas mensagens que circulavam nos Estados Unidos por meio da incipiente internet.[82] Silvia Bellucci personificava os interesses do grupo e ocupava com desenvoltura um espaço público no qual nem os Silva Nunes nem Nelson Duran pareciam à vontade. Em agosto de 1992, na primeira fila de um programa de entrevistas da TV Manchete, ela havia atraído a atenção do entrevistador, o estilista e futuro deputado federal Clodovil Hernandes, ao explicar de modo claro e conciso os resultados dos testes em Aids, que Odilon Nunes não conseguira explicar. Odilon Nunes, desabituado com espaços públicos, tinha se perdido diante do entrevistador – e silenciara. Ao abrir o programa, Clodovil o apresentou, ele entrou em cena, sob os aplausos do auditório, e seguiu feliz até uma poltrona à frente do apresentador. Clodovil lhe ofereceu uma taça de vinho, brindaram, e começaram as perguntas. "Doutor Odilon, como foi que o senhor começou este trabalho?" Achando que tinha muito tempo para falar, Odilon se pôs a contar: "Foi só uma curiosidade. Quando eu era menino, na fazenda...".

Logo depois, talvez para deixar seu comentário mais formal, Odilon usou a palavra retrovírus, e Clodovil, para explicar para o telespectador o significado de um termo pouco usado, perguntou o que era um retrovírus. Odilon, provavelmente se sentindo desconfortável diante da câmara, da plateia e do entrevistador *gay*, deixou a impaciência transbordar: "Um retrovírus é... um retrovírus, ora!". Antes de sair, Iseu pediu para os produtores cortarem os piores trechos, mas não cortaram e o programa foi ao ar na mesma noite tal qual foi gravado.

Nem todos se deixaram levar pelos protestos dos médicos e pelas entrevistas desastrosas. O diretor do departamento de ciência e tecnologia da Secretaria de Ciência, Tecnologia e Desenvolvimento Econômico do Estado de São Paulo, Álvaro Rodrigues dos Santos, soube do SB-73 e convidou Iseu Nunes para uma reunião. Conversaram em 17 de fevereiro de 1993 e, no mesmo dia, Álvaro Santos anunciou que havia autorizado a aprovação de US$ 70 mil para a realização de estudos clínicos em hospitais públicos do Estado: "Os recursos estão aprovados e disponíveis para o projeto, que consideramos da maior importância e seriedade", disse ele. "Aguardamos apenas um documento com a solicitação de verbas para os testes, que deverá nos ser enviado por um hospital público de São Paulo, para procedermos à liberação."[83]

Iseu Nunes procurou a equipe médica do Instituto de Infectologia Emílio Ribas que havia se comprometido com os testes, mas o planejamento não avançou: ele foi informado de que o hospital não aprovara o plano de avaliação clínica do composto e teve de comunicar a Álvaro Santos que a verba oferecida teria de ser devolvida, já que os prazos não poderiam ser cumpridos. A visibilidade resultante de tamanha exposição pública, porém, havia atraído o interesse de duas empresas interessadas em produzir o SB-73.

- Um Pasteur em Birigui

Logo após iniciarem os testes em Campinas, em 1985, Iseu Nunes e Nelson Duran começaram a procurar empresas farmacêuticas, considerando-as indispensáveis para viabilizar a produção em escala industrial, financiar os ensaios clínicos e solicitar o registro do SB-73; no Brasil, apenas empresas farmacêuticas podem pedir registro de fármacos no Ministério da Saúde. Como o SB-73 ainda era pouco conhecido, eles ofereciam apenas os relatos do trabalho de Odilon Nunes e os resultados dos experimentos que começavam a ser feitos como argumentos de que se tratava de algo potencialmente lucrativo.

Como advogado e diretor do Cedecab, Iseu havia se preparado para as conversas com os empresários. Já tinha encaminhado o pedido de patente no Brasil, extensiva aos Estados Unidos e à Europa, como modo de proteger os direitos de uso do composto. As patentes asseguram a seus proprietários e, por meio de contratos de licenciamento, conferem aos empresários o direito de produção durante um período de 10 a 20 anos. Os pedidos de patenteamento do SB-73 foram aceitos e as cartas-patentes começaram a chegar em 1991.

As conversas com diretores de empresas farmacêuticas nacionais e multinacionais não avançaram. Os empresários, em vez de priorizarem o uso de recursos próprios, preferiam solicitar apoio financeiro para agências governamentais, mas Iseu Nunes e Nelson Duran não gostaram dessa possibilidade, das propostas que receberam e do modo como eram tratados: pediam a eles para deixarem o fungo e os resultados obtidos, sob um contrato de confidencialidade, e chamariam depois, caso tivessem interesse. Alba Brito tinha sentido o preconceito e o desdém com pesquisadores de universidades ao chegar a Campinas e propor o uso de esferas de lipídios como transportadoras de medicamentos para uma empresa farmacêutica nacional. "Disseram que estávamos equivocados e que nossa função era investir em treinamento de recursos humanos a fundo perdido", ela recordou. "Poderíamos auxiliar no desenvolvimento de novos fármacos, quando muito dar um método, mas desenvolver um produto novo, não."

Do ponto de vista das empresas, talvez o SB-73 representasse uma boa oportunidade de negócios, se de fato fosse capaz de deter o vírus da Aids, mas ainda não estava pronto para ser produzido em escala comercial. Para completar os testes necessários para sua aprovação, as empresas teriam de fazer algo a que não estavam habituadas: investir em pesquisa e contratar pesquisadores. As empresas farmacêuticas brasileiras prosperavam produzindo cópias de medicamentos de baixa tecnologia e alta lucratividade, cujas patentes haviam expirado. Não tinham de se preocupar com medicamentos novos de resultados incertos como o SB-73. A perspectiva de trabalhar com um composto brasileiro realmente novo implicava correr riscos e competir com grandes empresas farmacêuticas, mas com uma estrutura de produção e vendas muito menor. Um risco adicional é que as inovações, ao serem incorporadas, podem desestabilizar a hierarquia das equipes de produção, ao expor os limites das competências gerenciais e técnicas e revelarem novas competências.

Iseu Nunes e Nelson Duran concluíram que as parcerias com empresas seriam inviáveis depois de ouvirem os comentários de dois executivos, anos após as primeiras tentativas. O primeiro, diretor de uma empresa nacional, disse que o interesse dele era fazer dinheiro, não produzir remédios que resolvessem problemas de saúde da população – o oposto do que os pesquisadores queriam. O outro, de uma multinacional, disse que, se ele prosseguisse com esse trabalho, não teria como justificar aos acionistas os investimentos em seu departamento de pesquisa.

Depois do fragoroso noticiário sobre o SB-73, porém, as empresas é que tomaram a iniciativa. Em 1993, motivado pelas notícias sobre o remédio brasileiro contra Aids, Alexandre Funari Negrão, proprietário do Instituto Químico de Campinas (IQC), conhecido no mundo esportivo como Xandy Negrão por ser piloto de Stock Car, procurou Silvia Bellucci e os Nunes para expor seu interesse em produzir e comercializar o SB-73. Negrão fez o que Iseu chamou de "única proposta aceitável" de uma empresa farmacêutica nacional. Ele se comprometia a ampliar a escala de produção, inicialmente por meio de uma planta piloto com capacidade para 1 mil litros (cem vezes maior que a do equipamento que usavam), a custear os ensaios clínicos, sem interferir na autonomia científica dos pesquisadores, a obter o registro no Ministério da Saúde, que ele acreditava que seria rápido, e a produzir o SB-73 em escala comercial, aproveitando a necessidade de novas drogas contra Aids e a possibilidade de distribuição de medicamentos a pessoas com HIV garantida pela Constituição. A proposta do IQC havia tornado a possibilidade de ganho econômico iminente: o faturamento projetado para um remédio desse tipo não seria menor que US$ 70 milhões somente no primeiro ano de vendas. Era muito mais do que Odilon da Silva Nunes havia gastado desde o início de seu trabalho com os fungos. Segundo ele, a criação e o desenvolvimento do SB-73 devem ter consumido metade de seus rendimentos como médico ao longo de 25 anos.

Logo após as primeiras conversas, Odilon Nunes e Nelson Duran assinaram um termo de confidencialidade, por meio do qual Alexandre Negrão, o advogado e o diretor jurídico do IQC, Antonio Prósperi, e o diretor industrial, Jorge Coelho, comprometiam-se a examinar o que já havia sido feito e o que poderia ser feito. Em um fax de 23 de janeiro de 1994 para Antônio Prósperi, Iseu Nunes informava que dois hospitais haviam confirmado o interesse em realizar os ensaios clínicos, parte dos equipamentos do piloto de produção estava à mão e aguardava montagem e, em alguns dias, Nelson Duran entregaria as publicações sobre o SB-73 que Jorge Coelho havia pedido. Em uma carta de 8 de fevereiro de 1994, Iseu Nunes enviava uma previsão de custos para colocar o SB-73 em produção: US$ 70 mil para cada um dos dois estudos clínicos previstos para começarem em dois meses e terminarem em quatro, US$ 70 mil para instalar a planta piloto de produção e US$ 20 mil de custos com pessoal técnico. Para o IQC ficariam os custos de registro e de desenvolvimento da formulação e os testes de estabilidade do produto.

A negociação parecia correr bem. Em 2 de março, Prósperi pediu mais informações e assegurou: "Tão logo esses esclarecimentos sejam prestados, nos manifestaremos a respeito da Carta de Intenções". Em um fax de 16 de março dirigido a Antonio Prósperi e Jorge Coelho, Iseu Nunes, respondendo aos itens da carta anterior, informava que o laboratório piloto deveria ser construído em uma área de 450 metros quadrados em um terreno em frente ao trevo rodoviário de Birigui, descrevia o fluxograma do processo de produção, estimava que a produção de 1 quilograma de SB-73 deveria custar US$ 17 mil e render US$ 680 mil (40 mil doses de 25 miligramas por US$ 17 a dose) e listava os funcionários do Ministério da Saúde que conheciam o SB-73. Em outro fax, de 23 de março, ele enviava a Jorge Coelho a planta baixa da unidade de produção piloto, relatava que vários equipamentos – biorreator, filtro, tanque de cristalização e concentrador – estavam prontos, "aguardando ajustes finais e montagem", e no final pedia: "*Please*, dê retorno!"

Jorge Coelho permanecia cauteloso. Anos antes, intrigado com as notícias sobre os estudos de Silvia Bellucci, ele visitara Odilon Nunes, a quem havia chegado por meio de parentes que moravam em Birigui. "O que vi não me convenceu", ele disse em 2009. "Na época, Dr. Odilon era muito empírico, experimentava fungo sem protocolo, não era nada científico. Todo mundo que tomava dizia que [o SB-73] tinha certa ação, mas faltava saber se não era ação psicológica. Teria de fazer testes clínicos. O horizonte era longo, poderíamos investir e chegar lá na frente e não dar em nada. O suporte da Unicamp foi que nos deixou bastante confortável, porque saiu do empirismo do Dr. Odilon para uma etapa científica."

O IQC havia participado de um projeto similar de desenvolvimento de fármacos com a Companhia de Desenvolvimento Tecnológico, de Campinas. Coelho recebera fermentadores e outros equipamentos para iniciar uma produção experimental, mas o trabalho não foi adiante, segundo ele, porque no final da década de 1980 o então presidente Fernando Collor reduziu as alíquotas de importação de produtos de química fina e o preço dos insumos importados se tornou muito menor que o dos equivalentes nacionais. Coelho pensou que os equipamentos poderiam agora servir para ampliar a escala de produção do SB-73. Se desse certo, seria o primeiro produto original da empresa de Campinas.

Antonio Prósperi morreu em setembro de 1994, e a partir daí as conversas com o IQC sobre a ampliação da escala de produção do SB-73 começaram a andar mais devagar. Outro imprevisto: Odilon Nunes, pouco familiarizado com negociações com empresas, adiava seguidamente a assinatura do contrato de licenciamento do SB-73. "Estou pensando", ele dizia. Negrão se propôs a cobrir os custos de desenvolvimento, mas Odilon não aceitou e sempre dizia que se esquecera de assinar o contrato. Negrão foi a Birigui, mas voltou sem a sua assinatura. Odilon recusava o contrato como antes recusara as regras de Heitor Medina em Curitiba e as de Celso Martinelli em Araçatuba. Por que teria agora de ceder e sujeitar-se a um acordo de resultados incertos e a situações e ritmos que nunca lhe satisfizeram? A rede de pesquisadores construída nos anos anteriores lhe conferira visibilidade, mas ao mesmo tempo ameaçava tirar sua independência e atiçava seus mais profundos medos. Já com 70 anos, ele pode ter se sentido desarvorado diante da perspectiva de se separar de seu fungo, com quem mantinha uma amizade de mais de 50 anos, e de perder autoridade sobre o trabalho que havia iniciado e conduzido durante décadas. Se o acordo avançasse, ele seria apenas um consultor no desenvolvimento final do composto, não mais o dono ou o centro da pesquisa. E teria de parar de receitar seu medicamento para seus pacientes até os testes clínicos formais serem concluídos e o Ministério da Saúde aprovar o registro do medicamento. Odilon Nunes não queria esperar.

"Desistimos", lamentou Jorge Coelho. "Não produzimos um grama." O IQC foi vendido em 1997 e parou de produzir medicamentos. Negrão se manteve no setor farmacêutico por meio da Medley, empresa criada em 1996 que se tornou uma das maiores fabricantes nacionais de medicamentos genéricos. Dez anos depois o diretor de outra empresa nacional propôs o pagamento de US$ 20 mil pela patente do P-Mapa; como ele dera espaço para uma contraproposta, Nelson Duran e Iseu Nunes enviaram uma estimativa do valor agregado do desenvolvimento do composto até então, com base em custos médios dos experimentos, testes e das próprias patentes: US$ 8 milhões.

* * *

Sérgio Ribeiro Lemos de Melo viu se formar a tormenta que revirou a vida dos Silva Nunes por quase dez anos. Formado em Direito em Araçatuba, ele trabalhava em informática e começou a frequentar a casa de Odilon em 1992 para, a pedido de Iseu, desenvolver um programa de computador que organizasse as informações sobre os pacientes em tratamento, que se avolumavam à medida que o SB-73 se tornava mais conhecido. Odilon não queria deixar de atender as pessoas com câncer e Aids que o procuravam; finalmente ele podia indicar seu próprio medicamento. Iseu insistia para ele agir com cautela e selecionar os casos com rigor, de modo a não prejudicar os planos para a conclusão dos testes e o registro do medicamento no Ministério da Saúde.

Sérgio Lemos tomou como base o Paradox, um banco de dados relacional para computadores pessoais daquela época, e alimentou o programa com as informações de cada paciente tratado com o SB-73. O programa, instalado nos computadores do consultório de Odilon e do escritório do Cedecab, a duas quadras de distância, gerava relatórios e gráficos que indicavam a variação – em geral, crescimento – das populações de células brancas do sangue desde o início do tratamento. "Sempre havia uma resposta", ele observou. "Depois que um paciente começava a tomar, o exame melhorava, e muito, e a gente ficava intrigado para entender por quê."

Sérgio percebia que as filhas de Odilon – Silmara, Mérces, Tânia e Cecília – estavam mais interessadas na pesquisa do pai e que os conflitos familiares se intensificavam à medida que o SB-73 atraía empresários com propostas de acordo para produção do medicamento e apareciam mais pessoas com câncer dispostas a pagar para levar o remédio. As filhas e a esposa de Odilon assumiam a direção do consultório e discordavam dos rumos da pesquisa. Até 1993, quando a participação das mulheres da família não era intensa, Odilon dizia aos pacientes que, se muito, aceitaria o pagamento pelo preço de custo, para manter a produção, mas vários relatos indicaram que nos anos seguintes o medicamento era vendido por um valor muito maior.

As vozes femininas parecem ter sido decisivas no desfecho do acordo seguinte. Desde o final de 1993, em paralelo às conversas com a empresa de Campinas, corria uma negociação com a Green Ark, por meio da qual o SB-73 seria testado, registrado e produzido nos Estados Unidos, se tudo desse certo. Viana Muller, antropóloga americana interessada em medicamentos que pudessem ser feitos a partir de plantas da América Latina, soube do SB-73, achou interessante e contratou Norman Monson para montar a Green Ark. Norman Monson foi algumas vezes a Birigui para discutir seu plano: ele pretendia levantar os fundos necessários para fazer os testes clínicos e o registro nos Estados Unidos por meio da venda de ações da empresa a ser formada. Em uma das viagens, Sérgio Lemos deixou-o no aeroporto de Araçatuba e viu que ele estava animado. "Não voltou mais", recordou-se Sérgio em setembro de 2012 no saguão de um hotel em São Paulo. "Logo depois foi a briga."

Nelson Duran foi a Birigui com os documentos necessários para assinar o contrato que permitiria a Norman Monson lançar a Green Ark e levantar dinheiro para fazer os testes do SB-73 nos Estados Unidos. "Estava tudo pronto", contou Nelson. "Odilon dizia, 'Vocês têm minha garantia, sua decisão é a minha decisão'. À noite, ele me disse: 'Duran, está ótimo. Vocês são demais.'" Na manhã seguinte, a grande decepção. "Não vou assinar", sentenciou Odilon. Nelson se enfureceu, reclamou, fez as malas e saiu. Foi a última vez que se viram. Odilon, mais uma vez, não queria se curvar às regras, já que um acordo com uma empresa o faria deixar de atender, ainda que temporariamente, as pessoas com câncer e Aids que o procuravam desde 1991. O hábito de agir sozinho predominou.

Os pesquisadores reunidos pelo Cedecab e Iseu Nunes argumentaram que a decisão unilateral de Odilon poderia levar a pesquisa ao descrédito e pôr fim ao diálogo com a equipe do Ministério da Saúde, que insistia na realização de testes clínicos controlados em instituições qualificadas. Iseu, como diretor-geral do Cedecab, exigiu que Odilon parasse de fornecer aos pacientes o composto cujos testes não estavam concluídos. Odilon Nunes não lhe deu atenção. A contragosto ele compareceu a uma reunião do Cedecab e dispensou os pesquisadores, afirmando que não precisava mais deles. Iseu Nunes alertou que Odilon corria o risco de ficar sozinho, sem o apoio dos pesquisadores do Cedecab e do Ministério, e possivelmente perderia a chance de fechar o acordo com a empresa que poderia concluir o desenvolvimento do composto. Odilon, irredutível, saiu da sala.

Naquele momento, o plano que os unira nos anos anteriores com o propósito de concluir o desenvolvimento do composto se desfazia. "Odilon era semelhante a Pasteur, do tipo 'faço porque quero'", observou Iseu Nunes, que sempre achara seu pai mais parecido com Pasteur do que com Fleming, que Odilon adotava como modelo de persistência. "Os dois, Odilon e Pasteur, eram experimentalistas profundos, com egos monumentais e temperamentos difíceis." Como

Pasteur, Odilon era orientado por problemas urgentes. Pasteur, mesmo não sendo médico, e Odilon trataram pessoas à beira da morte com os medicamentos que criaram.[84]

Em março de 1994, após uma das discussões, Iseu rompeu o relacionamento com a família. Preferiu continuar com o grupo de pesquisadores reunidos em torno do Cedecab, que preservavam a abordagem de trabalho que ele considerava correta. As equipes do Ministério da Saúde e do Centro Corsini se afastaram deles e a articulação com os hospitais que haviam mostrado interesse em realizar os testes clínicos se desfez.

Os conflitos ecoaram em Birigui. Falava-se – e durante anos se falou – que Iseu teria "roubado a fórmula do pai". Em vez de tentar desfazer o equívoco, Iseu tentou, como ele disse, "salvar a pesquisa", impedindo que o pai continuasse a vender o que ainda não poderia ser vendido. Logo depois Odilon e as filhas iniciaram vários processos judiciais contra Iseu e os pesquisadores, alegando que estavam tentando se apropriar de seu medicamento.

A guerra na família Silva Nunes havia começado.

▪ A guerra

A guerra entre os Silva Nunes, como todas as guerras, foi brutal, com ataques e contra-ataques, perseguições e acusações desmedidas. Por meio de várias cartas enviadas a Odilon, Iseu, como diretor-geral do Cedecab, vetava a utilização das informações produzidas pelos pesquisadores, opunha-se ao uso médico da substância e pedia para Odilon renunciar do cargo de diretor do Cedecab, do qual ele já havia se separado. Não adiantou. Odilon não queria mais a equipe do Cedecab, mas se apropriava das informações produzidas pelos pesquisadores, que conferiam identidade e credibilidade à substância que ele continuava produzindo e receitando em sua clínica.

As filhas de Odilon enviaram cartas às universidades a que pertenciam os pesquisadores que haviam feito os testes com o SB-73, acusando-os de terem usado os equipamentos e laboratórios em benefício próprio. Iseu conseguiu deter o envelope enviado à Unesp de Araçatuba, mas não o que seguiu para Campinas. O diretor do Instituto de Química mostrou o documento a Nelson Duran assim que o recebeu. "Não havia nada de irregular ou ilícito", ele argumentou. "Eu já tinha declarado ao instituto que era diretor científico do Cedecab, uma ONG. Estava tudo documentado." Um comitê analisou a documentação, concluiu que não havia ocorrido qualquer irregularidade e a denúncia foi arquivada. Mesmo assim, ele teve de enfrentar outro processo administrativo interno, que começou em 1994. O argumento de que tinha sempre pedido as autorizações oficiais para participar desse trabalho, pelo qual não recebera nenhum dinheiro, não foi o suficiente para deter as acusações. Nelson Duran saiu ileso, após muita tensão. No início de uma das audiências, uma professora da universidade, no papel de juíza, comentou que ele já estava condenado; em resposta, Iseu Nunes, como seu advogado de defesa, pediu a imediata exclusão dela do comitê, argumentando que nenhum juiz pode pré-julgar antes de ouvir todas as partes envolvidas. Em outra audiência, outra professora-juíza comentou enraivecida: "Essa substância tinha de ser nossa!".

As filhas se organizavam para levar adiante a pesquisa do pai, percorrendo caminhos que Iseu já havia percorrido. Silmara, a mais velha, foi ao Emílio Ribas, em São Paulo, e convenceu a equipe médica a fazer os testes, usando como argumentos as informações da equipe do Cedecab. Em agosto de 1994, ao saber que os testes estavam sendo planejados, Iseu enviou um fax à diretoria do hospital informando que a substância a ser avaliada não provinha do Cedecab e alertando que não se responsabilizava por sua pureza e uso. O trabalho foi suspenso enquanto as filhas providenciavam as análises no Instituto Adolfo Lutz. Dois meses depois, os laudos detalhavam a composição e atestavam a esterilidade do SB-73, permitindo a retomada dos testes no hospital. Os testes foram feitos com 30 pessoas (19 homens e 11 mulheres) com HIV e assintomáticos para Aids: 15 receberam SB-73 e 15 placebo, na mesma dosagem (0,1 miligrama por quilograma de peso), modo (via intramuscular) e periodicidade (três vezes por semana), durante seis semanas. Era um teste fase I, planejado para avaliar a segurança de uso do medicamento, do tipo duplo-cego. De acordo com o relatório final, com a data de 22 de fevereiro de 1995, o SB-73 ajudou a manter estável a evolução da infecção, sem sinais de toxicidade ou efeitos colaterais indesejados.[85]

Apesar de positivos, os testes não avançaram para a etapa seguinte, a fase II, de avaliação da eficácia da substância. As informações só não se perderam porque Iseu encontrou um envelope com as fichas dos pacientes tratados e os comentários dos médicos quase dez anos depois, ao voltar para Birigui, e as aproveitou na monografia do P-Mapa, que ele escreveu e incluiu no *site* da Farmabrasilis, a rede de pesquisa criada por ele para concluir a pesquisa iniciada em Birigui.

* * *

Iseu ouvia rumores de que o pai, assessorado pelas filhas, estaria vendendo SB-73 para pessoas com câncer que o procuravam em Birigui. Ele pensou que, se confirmada, a venda – ilegal, já que o medicamento não havia sido aprovado para uso em seres humanos – poderia desfazer de vez a credibilidade do trabalho de Odilon e dos pesquisadores que haviam feito a caracterização do medicamento. No início de 1995, Iseu comunicou o fato ao escritório regional da Vigilância Sanitária em Araçatuba, imaginando que Odilon poderia recuar e retomar o caminho convencional de desenvolvimento de fármacos se recebesse uma advertência oficial. Não deu certo. Diante dos técnicos da Vigilância que o visitaram, Odilon Nunes negou que estava vendendo.

Logo depois, com base no depoimento e nos comprovantes de pagamento de uma mulher que havia comprado o remédio, os técnicos da Vigilância Sanitária inspecionaram e lacraram o laboratório de Odilon Nunes, que não possuía autorização para funcionamento. Odilon entrou com um mandado de segurança e reabriu o laboratório, desta vez amparado por uma autorização provisória – uma medida liminar – do juiz Emerson Sumariva Jr., de Araçatuba. A liminar determinava que a Vigilância Sanitária retirasse o lacre do laboratório de produção e se abstivesse de tomar qualquer medida que interrompesse o fluxo de produção de medicamento destinado às pesquisas e ao tratamento dos pacientes de Odilon Nunes. Os pesquisadores ligados ao Cedecab, médicos e juristas contestaram a decisão do juiz de liberar o SB-73 para uso em seres humanos. "É uma temeridade um juiz tomar uma decisão dessas sem conhecimentos técnicos de saúde pública. Ele pode estar fazendo um ato legal, mas não sei se é legítimo do ponto de vista da saúde pública", disse o médico Elisaldo Carlini, professor da Unifesp e ex-secretário nacional de Vigilância Sanitária, ao *Estado de São Paulo*.[86]

Indagado sobre o que o havia motivado a autorizar o uso do medicamento, Emerson Sumariva Jr. respondeu pessoalmente, em fevereiro de 2012: "A necessidade de salvar as pessoas". Aos 45 anos e 21 de profissão, era um homem de estatura média, encorpado, cabelos curtos já grisalhos no alto da testa larga, falante e cortês, embora levemente solene, como se não quisesse deixar as pessoas esquecerem que ele era juiz. Muitos quadros com diplomas, um deles de mérito esportivo, ocupavam as paredes de seu gabinete. Ao folhear a documentação sobre o caso, ele se lembrou que havia sido informado que o SB-73 seria o único meio de salvar as 3 mil pessoas que estariam recebendo a medicação. "Em 1995", ele comentou, "foi uma liminar, uma decisão emergencial, para depois começar processo. Se não dou, a pessoa morre. E quem é o culpado? O juiz. Eu era corresponsável, assim como o médico, pela vida do paciente". O caminho judicial permitiu a liberação oficial de uso do medicamento, embora só pudesse ser livremente receitado por um médico, Odilon da Silva Nunes, em benefício de seus próprios pacientes. Odilon produziu e atendeu em seu consultório, receitando o SB-73, por mais seis anos, até falecer repentinamente em 2001.

"Odilon achava que estava sendo desmoralizado de uma coisa de que tinha orgulho", comentou em 2012, aos 55 anos, o advogado Nicolau Galego Garcia Filho. Nicolau viajava com Odilon para as cidades em que eram feitas as audiências dos processos em andamento. Na véspera de uma das audiências, em seu apartamento de Araçatuba, Iseu estava profundamente decepcionado com o pai, que um dia lhe contou que havia pensado em doar seu medicamento à humanidade: "Ninguém tem o direito de trair o próprio sonho", disse ele ao se lembrar do plano do pai.

Iseu se instalou em Promissão com sua esposa, também advogada, começou a trabalhar como advogado e nos finais de semana se reunia com Sérgio Lemos, que tinha se mudado para Lins e começado a fazer pós-graduação em informática. Com base no que já tinham feito em Birigui e no que Sérgio aprendia no curso, os dois começaram a desenvolver um programa de gerenciamento de informações de pacientes em tratamento que chamaram de Clinical Navigator. Era o que mais tarde se tornou conhecido como prontuário eletrônico, por meio do qual um médico poderia ler e completar o histórico de um paciente, gerar e imprimir gráficos a partir dos hemogramas e buscar informações sobre uso ou composição de medicamentos. Em 1995, Iseu, Sérgio e outro especialista em informática, Waldemar Neves, se mudaram para um chalé em um sítio próximo à Unicamp para terminar o programa e batalhar por um acordo com alguma empresa que viabilizasse sua comercialização.

Dois anos depois, como não conseguiram firmar nenhum acordo, concluíram que era momento de recuar. Waldemar permaneceu em Campinas, prestando serviços de informática, e Sérgio voltou para Guaxupé, município de Minas Gerais próximo à divisa com São Paulo, onde morava com a esposa e a filha recém-nascida. "No ano passado", Sérgio contou em 2012, agora como coordenador de sistemas de uma cooperativa de produtores de café em Guaxupé, "montei o CD do Clinical Navigator e vi que ainda era bom". Iseu voltou para Promissão e retomou o trabalho de advogado. Logo depois ele começou a trabalhar na defesa de centenas de moradores de condomínios populares em uma ação judicial coletiva contra uma construtora que havia imposto um contrato com juros tão altos que os mutuários não podiam pagar e tinham de devolver as casas. Ele ganhou a causa contra a construtora.

▪ Em silêncio

A química Giselle Zenker Justo começou o doutorado com o já chamado P-Mapa na Unicamp em 1992, quando as coisas ainda estavam calmas, e terminou em 1996, em meio à guerra entre os Silva Nunes. Seu doutorado foi o primeiro estudo acadêmico a receber financiamento de uma agência pública de apoio à pesquisa, o Conselho Nacional de Desenvolvimento Científico e Tecnológico (CNPq). "Comecei com muita expectativa, que depois foi minguando, tudo dava errado. Foi um aprendizado penoso, quase desisti", ela lembrou em 2013 em sua sala de professora na Unifesp.

Em um dos experimentos ela avaliou o efeito de cinco dosagens diferentes de P-Mapa sobre duas linhagens de células do tumor de Walker-256, uma muito e outra pouco agressiva, comparando os resultados com um grupo de animais que recebiam placebo na mesma dosagem e frequência que as dos outros grupos. "Uma única inoculação era o bastante para deter o tumor de Walker", ela observou. A dosagem mais baixa, de 0,5 miligrama por quilograma de peso, era a que apresentava o melhor efeito sobre os tumores induzidos nos animais. Quase 20 anos depois de os experimentos terem sido feitos, Nelson Duran ainda se admirava: "Meio miligrama por quilo é muito pouco!". Era uma dosagem menor até mesmo que a usada por Odilon, de cinco miligramas. "Acima de cinco", Giselle notou, "não havia qualquer efeito sobre o tumor". Emergia uma habilidade notável do P-Mapa: quanto menor a dosagem, maior e melhor o efeito. Odilon já havia concluído que dosagens baixas e contínuas eram melhores para combater tumores. Anos depois Iseu concluiu que, inversamente, dosagens mais altas eram mais eficientes para deter doenças infecciosas, causadas por vírus ou bactérias.

Giselle verificou que o P-Mapa estimulava a produção de células de defesa e de anticorpos – mais um resultado impressionante, porque a maioria dos medicamentos age sobre um ou outro, raramente sobre os dois.[87] Em seguida, no pós-doutorado, ela estudou os efeitos do P-Mapa sobre tumor de Ehrlich, o mesmo tipo com que Odilon trabalhara, embora sem guardar ou publicar qualquer resultado. Seu trabalho confirmou e documentou os efeitos relatados por Odilon muitos anos antes. Ao mesmo tempo, Iseu e Nelson Duran reavaliaram a proporção dos componentes químicos da molécula de SB-73 e, em vista do que viram, concluíram que deveriam lhe dar outro nome, P-Mapa, abreviação de agregado polimérico de fosfolinoleato-palmitoleato de magnésio e amônio proteico. A versão recaracterizada do SB-73 apresentou formas inesperadas de destruir tumores ou micróbios causadores de doenças infecciosas.[88]

* * *

Na noite de 21 de junho de 1991, Adriana de Melo ouviu o locutor Cid Moreira anunciar uma reportagem sobre Aids no *Jornal Nacional*, assistiu ao *Globo Repórter* sobre o SB-73 e desejou ser cientista para entrar em uma pesquisa como aquela. Sete anos depois, ao terminar o curso de Biologia, ela conheceu Giselle Justo e disse que adoraria participar do trabalho com o P-Mapa. Adriana percebeu que suas mãos tremiam quando Giselle lhe passou o vidro com o pozinho branco para ela preparar os experimentos.

Adriana verificou que o P-Mapa estimulava os neutrófilos, um tipo de células do sangue, a eliminar fungos *Candida albicans* e *Candida kefyr in vitro*. Seu estudo ajudava a elucidar a redução da candidíase, infecção oportunista causada por esses fungos, nas pessoas com HIV/Aids tratadas com SB-73 no Centro Corsini e até então inexplicada. Ela também fez avaliações *in vivo*, infectando camundongos com a bactéria *Listeria monocytogenes* e depois aplicando o composto.

Seu experimento registrou um aumento da atividade de macrófagos, células que comandam as respostas do organismo contra tumores e micróbios, e do ritmo de crescimento e diferenciação de células de defesa na medula óssea, desse modo ampliando a resistência à infecção.

Os trabalhos reforçavam a possibilidade de aplicação terapêutica do P-Mapa contra alguns tipos de câncer e doenças infecciosas, mas as informações permaneciam dispersas, sem análises que permitissem qualquer movimento além da apresentação dos resultados em encontros acadêmicos ou em revistas científicas.[89]

* * *

"Na Unicamp, os colegas de classe falavam sobre o SB-73", disse Mônica da Silva Nunes, que estudou Medicina em Campinas de 1991 a 1999. "Eu apenas ouvia, sem dizer que era sobrinha daquele médico." Quando voltava a Araçatuba para ver o pai, Accacio, o irmão mais novo de Odilon, às vezes ela visitava o tio, que parecia se sentir à vontade com ela, provavelmente por ser médica. "Ele contou que tinha ido à Fiocruz para ver se podiam usar o composto, mas não gostou quando soube que o nome do pesquisador teria de entrar junto [com o dele em eventuais artigos científicos]. Não aceitou, não queria dividir o mérito de ter descoberto com ninguém." Aos poucos ela entendeu por que o tio insistia em trabalhar sozinho, apesar das dificuldades: "Se entrasse na universidade, ele não teria mais poder de decisão". Odilon lhe mostrou o fungo e as placas de cultura, e o pai dela estranhou: "Ele não faz isso com ninguém". "Meu tio era um cientista nato, um gênio muito peculiar", ela concluiu. "Ele era fechado, mas se entusiasmava quando falava da pesquisa. O trabalho dele mostra que grandes descobertas podem ser feitas fora do meio acadêmico."

No final do curso, Mônica e Accacio o visitaram e contaram que ela iria fazer residência médica em patologia na Universidade Harvard, nos Estados Unidos. Odilon disse que ele queria que ela levasse os documentos e o composto e combinou que da próxima vez ele lhe daria tudo. "Meu tio não tocou mais no assunto. Meu pai e eu ficamos com a impressão de que a família não deixou", ela comentou em agosto de 2010 em um café da Faculdade de Saúde Pública da USP, como professora e pesquisadora da Universidade Federal do Acre. "No fundo ele contava comigo. Achava que eu poderia continuar o trabalho dele indo para os Estados Unidos, mas eu não sabia como, não era minha área."

- As filhas

"Foram cinco anos trabalhando com Odilon. Em 15 de fevereiro de 1995, dois dias antes de meu aniversário, fui para Birigui. O trabalho só terminou em novembro de 2000, quatro meses antes de Odilon morrer", contou Silmara. Por ser a filha mais velha, foi a que o ajudou por mais tempo; as irmãs nasceram quando a pesquisa estava mais adiantada. Durante anos, uma das tarefas diárias dela e de Iseu, depois da escola, era limpar as gaiolas de camundongos usados nos experimentos. Silmara estudou Arquitetura em Santos e, nas empresas de São Paulo em que trabalhou, conquistou a fama de resolver com agilidade problemas que ninguém queria assumir. Ela, o marido, Edgar Leite Penteado Neto, executivo de uma empresa de alumínio, e a filha, Tereza, viveram dois anos no Canadá, para onde Edgar tinha sido transferido. Anos depois, moravam em Pindamonhangaba, entre as cidades de São Paulo e do Rio de Janeiro, quando ela viu que o pai novamente precisava de ajuda. Silmara conseguiu um lugar maior para instalar o laboratório de produção – um barracão na antiga estação ferroviária de Birigui –, fez o contrato de comodato e planejou a reforma, mas o pai não gostou do espaço, cancelou o contrato e alugou outro prédio. Em busca de parcerias, ela encontrou especialistas de empresas químicas ou farmacêuticas que ajudaram a aprimorar o processo de produção. Os diretores de duas empresas farmacêuticas nacionais teriam se interessado, um deles oferecendo um adiantamento de R$ 2 milhões. "A proposta era fazer baterias de dez reatores de 100 litros", disse ela. "Por que nenhum acordo foi adiante? Pelas mesmas razões de antes. Odilon não queria assinar o contrato. Não queria abrir mão da pesquisa."

Na tarde de um sábado de agosto de 2010, no apartamento da filha médica, Silmara contou que o trabalho em Birigui, onde passava duas semanas por mês, permitiu que ela conhecesse o pai um pouco melhor. "No final, ele tinha dificuldade de respiração e taquicardia. Podia estar com falta de ar, mas quando entrava comigo no laboratório ele ganhava vigor, os olhinhos acendiam, a falta de ar passava", ela observou. "A gente passava duas, três horas no laboratório. Eu suando, por causa do calor, ele impecável, de calça, camisa de manga comprida e sapato, porque às vezes tinha de sair para atender alguém no consultório ou na Santa Casa. Não suava nada. 'Não está cansado, pai?' 'Estou ótimo.' Ele saía com falta de ar, ia para o consultório e atendia casos complicados de câncer. Quando atendia, passava tudo. Logo eu o escutava falando e rindo, enquanto atendia."

Com a filha mais nova, Cecília, Odilon também tinha sido um pai distante. "Ele era fechado, o que não interessava não conversava", ela contou, lembrando-se das vezes em que foi pescar com o pai em um lago da cidade onde vivia um jaburu. Cecília estudou Direito, trabalhou em São Paulo e dez anos depois voltou para Birigui com o marido, Bento, e o filho, Felipe. "Só comecei a conversar com meu pai em 1994. Eu tinha 32 anos", disse ela. Conversavam enquanto ela o ajudava a abastecer o fermentador com água, os ingredientes do meio de cultura e os fungos triturados. Ela o acompanhava enquanto ele examinava a fermentação e filtrava o líquido espesso amarelado e acertava a acidez: era quando podia ver se formando e precipitando os cristais que eram separados, lavados e secos durante dois dias.

"Meu pai dizia que tinha se casado com duas mulheres, minha mãe e a pesquisa", disse Cecília. "Ele se alimentava da pesquisa, vivia, dormia a pesquisa dele." No final de 2000 ela levou o pai para ver o novo laboratório de produção do medicamento, que construíam em um prédio próximo ao antigo aeroclube de Birigui. O laboratório, de acordo com as exigências da Vigilância Sanitária, tinha uma ampla sala estéril e três reatores interligados de 250 litros. Ela se lembrou com nitidez da reação do pai ao entrar ali: "Ele se sentou na escada que levava para o reator. O olhar perdido. 'O senhor gostou?', eu perguntei. 'Que coisa maravilhosa', ele disse. 'Está vendo? Sua obra.' 'Passei minha vida inteira para fazer isso, mas eu não vou trabalhar aqui', ele disse. 'Que é isso, pai! Por quê?' 'Sinto que não vou.' Ele viu tudo pronto, não fez nada, morreu logo depois". Dez anos antes, Odilon tinha colocado uma prótese na artéria abdominal e precisava fazer ajustes ou trocar. Ele não quis, e a artéria se rompeu.

Odilon da Silva Nunes morreu em 26 de março de 2001, uma segunda-feira, no mesmo dia do aniversário de seu neto Felipe, filho mais velho de Cecília. Ao nascer, em 1993, Felipe teve uma pneumonia. Um médico disse que ele iria morrer logo, outro diagnosticou uma cardiopatia congênita. Odilon assumiu o comando e 11 dias depois liberou o bebê do hospital. "Meu pai chegou em casa, pegou duas doses do remédio dele, diluiu na água e deu de colherinha para o Felipe", contou Cecília. "De tanto tomar antibiótico, ele estava com a imunidade baixa. Em dois dias não tinha mais nada."

* * *

Fauze de Toledo Ribas conviveu com Odilon em seus dois últimos anos. Técnico em instrumentação científica, ele trabalhou em São Paulo antes de se mudar com a família para Bilac, cidade próxima a Birigui. Um dos clientes o indicou a Odilon, que o contratou para cuidar de seus equipamentos e obter as autorizações necessárias para regularizar a produção do composto. Fauze acompanhou as decepções contínuas com empresas – "O Aché ficou de ver, mas não queria investir" –, com centros de pesquisa – "Fomos à USP de Ribeirão, mas não tivemos a acolhida apropriada" – e com os órgãos do governo: "Em uma palestra em Brasília Dr. Odilon foi ridicularizado". Ao mesmo tempo, ele testemunhou o efeito da substância na recuperação da saúde de amigos ou parentes com câncer.

Fauze aprimorou os processos de produção, aumentou a produtividade no novo laboratório e aos poucos conseguia as autorizações de funcionamento dos órgãos públicos da cidade. "Dr. Odilon estava satisfeito, vendo as coisas andarem. Ele estava esperançoso, mas não o suficiente para apagar as mágoas e angústias", observou. "No dia em que ele morreu, nunca o vi tão nervoso." Odilon tinha se exaltado ao receber uma conta de energia elétrica com um valor muito acima do habitual. Fauze disse que provavelmente era um erro, já que nenhum equipamento estava desregulado ou permanecera ligado sem necessidade, e saiu para resolver a situação na empresa fornecedora de eletricidade. Quando voltou, soube que Odilon tinha sido levado às pressas para a Santa Casa e já havia falecido.

Ápio Fogolin estava viajando. Meses antes, Odilon lhe perguntara se não poderia tomar conta do laboratório novo. Ápio se desculpou e disse que não poderia, ainda estava na metalúrgica, mas pensando em se aposentar. Odilon lhe apontou as pastas verdes com os prontuários de "mais de 100 pacientes", como ele disse, tratados com o SB-73 e pediu que escolhesse cinco pastas que ele mostraria que a média de cura era "de 70, 80%", relembrou Ápio. Ele notou como a visão de Odilon sobre câncer tinha amadurecido ao longo de décadas trabalhando como médico, estudando, abrindo camundongos e tratando pessoas: "Ele preferia tratar quem não tinha feito cirurgia. Dizia que câncer era como uma planta. Se cortasse, enraizava, se espalhava", disse Ápio.

A maior parte da documentação se perdeu. Salvaram-se 99 fichas de pacientes, que Silmara levou do consultório do pai e entregou para Iseu. Ele as analisou e as reuniu em um livro de 114 páginas, mas a falta de uniformidade entre os casos descritos dificultava a avaliação da efetividade do tratamento.[90] Indivíduos com tipos variados de câncer – de intestino, mama, estômago, útero e próstata, entre outros – começaram a ser tratados em épocas diferentes: o paciente mais antigo em 1991, o mais recente em 1997.[91] Variavam também a localização e o estágio de evolução dos tumores, a idade dos pacientes (32 a 81 anos), a duração do tratamento (nove meses a seis anos) e o tempo de acompanhamento (um a sete anos).

Mesmo assim, os resultados impressionavam. Em 48 fichas constavam as observações "sem recidiva", "sem metástases" ou "sem recidiva ou metástases". A ficha de um homem de 56 anos com carcinoma pouco diferenciado grau II no estômago informava: "Seis anos sem metástases". Seis pessoas tratadas apresentaram "remissão completa" do tumor. Todas as fichas traziam a mesma observação no item Toxicidade, "Não relatada", sem registro de qualquer efeito colateral indesejado decorrente do uso do medicamento mesmo nos casos de tratamento mais prolongado, de cinco anos e dez meses. "Os resultados observados nos pacientes, embora preliminares, indicam que o P-Mapa é capaz de atuar em casos de câncer humano, retardando ou regredindo a doença primária ou metastática, de modo similar ao observados nos modelos animais", afirmava-se nas conclusões. Outra conclusão era que a substância, por manter ou estimular a produção de células brancas do sangue, poderia ser proposta como terapia complementar à químio ou radioterapia, para evitar ou minimizar a queda de imunidade causada por essas duas formas comuns de combate a tumores.

Com a morte de Odilon, a autorização para produzir e receitar o medicamento perdia validade e, de um dia para outro, centenas de pessoas em tratamento não puderam mais contar com o remédio que parecia ter ajudado a deter o câncer. O caráter emergencial e a exclusividade da solução judicial chegavam ao fim: o medicamento tornava-se raro e, agora, ilegal.

O laboratório novo foi desmontado logo depois. A segunda patente nacional do SB-73 – solicitada em 1989, dois anos após o primeiro pedido, indeferido em 1993 – foi aprovada em 17 de abril de 2001, três semanas depois de Odilon morrer, e expirou em dezembro de 2010. Iseu pediu outra patente em 2003 e, cinco anos depois, uma terceira, igualmente válida nos Estados Unidos e na Europa, de modo a assegurar sua autonomia nas eventuais negociações com empresas interessadas na produção do medicamento que ele, como o pai, queria que fosse usado, o mais breve possível, por quem precisasse.

Após a morte da mãe, em 2003, os filhos acharam melhor vender a casa de Birigui. Em 2012, os cômodos da edícula, antes usados como laboratório, eram depósitos de ventiladores, brinquedos e outras mercadorias de uma loja de departamentos cujo dono havia comprado a casa. O nome de Odilon da Silva Nunes foi atribuído a um posto de saúde inaugurado em dezembro de 2009 como parte das comemorações do centenário de fundação de Birigui, completado em dezembro de 2011.[92]

Cem anos depois de ter sido iniciada por um grupo de imigrantes liderado por Nicolau da Silva Nunes, Birigui exibia a rara virtude de não se levar muito a sério. Brincava com o próprio nome, apresentado em combinações originais em lojas como Kid Birigui Calçados, Biri Clínica ou Biry Modas, e se refazia continuamente: foi um centro produtor de café e de óleos vegetais e agora era um polo nacional de calçados infantis. Parecia vencer a imobilidade que marcava muitas cidades do interior paulista. Os prédios ainda não eram tantos a ponto de esconderem a torre da igreja matriz, uma das primeiras construções da cidade. Pelas ruas do centro circulavam homens em motos e mulheres em *scooters*, às vezes uma charrete, táxis quase nunca. Cartazes pregados nas lojas anunciavam rodeios, e músicas sertanejas saíam dos mercadinhos e das lojas que exalavam um agradável cheiro de couro curtido.

"Birigui é o único lugar do mundo em que uma vaca foi atropelada por um avião!", lembrou-se alegremente Ennio Peres da Silva durante um almoço em um restaurante em Campinas em maio de 2010, revendo o passado com Iseu, Silmara e seu marido, Edgar Penteado. Sem se verem havia quase 20 anos, encontravam-se depois de assistirem a uma palestra de Iseu sobre o P-Mapa e a pesquisa iniciada pelo pai. Ennio se referia a um dos mais exóticos episódios da cidade. No final da manhã do 30 de agosto de 2002, o piloto de um Fokker

100 com cinco tripulantes e 24 passageiros, indo de São Paulo para Campo Grande, notou que faltava combustível, provavelmente por causa de um vazamento não identificado pelos computadores de bordo, e decidiu fazer um pouso forçado. Como havia árvores ao lado de uma rodovia próxima, ele desviou para o pasto de uma fazenda. O avião percorreu quase 300 metros de terreno irregular antes de parar, o trem de pouso se soltou e quatro passageiros sofreram ferimentos leves. O piloto desviou de algumas vacas, mas o avião bateu em uma, que de fato morreu atropelada.

Birigui é também o lugar de outra história incrível, muito mais longa e dramática, a de um médico criativo, persistente e talentoso que um dia pôs na cabeça que faria um remédio contra o câncer – e a seu modo fez e salvou muitas vidas cujo fim parecia próximo. Depois de sua morte, o trabalho que ele iniciou passou por transformações radicais.

Parte 7

Renascimento

- A arte de juntar cacos

Em fevereiro de 2013, Iseu Nunes viajou para a Índia com a esposa, Maria Cláudia Falaschi Nunes. Visitaram Varanasi, cidade religiosa de três milhões de habitantes às margens do Ganges, o rio sagrado dos hindus, passaram alguns dias em Kumbh Mela, um estonteante festival religioso que naquele ano reunira uma multidão estimada em 30 milhões de pessoas, e se impressionaram com lugares lindos em contraste com a sujeira, os odores intensos e a extrema miséria. Por respirar o ar impregnado de fumaça das fogueiras de cremação de mortos às margens do Ganges, já estavam com tosse quando, no dia 17, depois de uma viagem de 20 horas de trem, chegaram a Rishikesh, aos pés da cordilheira do Himalaia. Diante da montanha, Iseu se lembrou dos pais e de outras pessoas próximas que haviam morrido, das quais se recordava com frequência. "Evoquei todos, um a um, conversei, falei 'pode ir embora'. Fiquei em farrapos, mas me senti aliviado."

Já fazia 12 anos que Iseu Nunes trabalhava para reconstruir o trabalho do pai. No final do ano 2000, seis anos após terem se separado, Odilon telefonou para o filho, que nessa época trabalhava como advogado em Promissão, e lhe pediu para mediar o conflito com os pesquisadores e para ajudá-lo a terminar sua pesquisa. Refeito do susto de ouvir a voz do pai, ele respondeu: "Vou pensar". Não se falaram mais. Odilon morreu em março do ano seguinte. Algum tempo depois Iseu decidiu terminar o que o pai havia começado e, de imediato, fazer algumas mudanças na própria vida. Parou de fumar, desfez o primeiro casamento e se mudou para Campinas. Casou-se com Cláudia, pilota de aviões comerciais que nos anos seguintes o estimulou a prosseguir, ajudou a escrever cartas para instituições de outros países e analisou com ele o significado dos experimentos e dos acordos com novos grupos de pesquisa. Foi ao lado de Cláudia que ele voltou a Birigui e reencontrou a mãe, que não via desde 1994. Ela os recebeu com alegria, ofereceu um pudim de que ele gostava quando era criança e lhe deu um relógio e uma caneta que o pai tinha deixado para ele. Iseu voltou outra vez, após a morte da mãe, e em uma gaveta de seu antigo quarto encontrou os envelopes lacrados com as fichas dos pacientes com HIV/Aids que haviam participado do teste realizado no Emílio Ribas em 1994. Silmara tinha lhe falado sobre os envelopes, mas ele não imaginava que poderia recuperá-los quase dez anos depois.

No escritório de sua casa em Campinas, na companhia dos gatos Babu e Frederico, autofinanciado como o pai, Iseu Nunes passou quase dez anos elucidando os erros do passado, analisando os resultados de experimentos feitos com o SB-73 e o P-Mapa, lendo artigos científicos e buscando meios de continuar o trabalho iniciado na agora distante Birigui. Ele recomeçava como as *Trümmerfrauen*, as mulheres das ruínas, que reconstruíram as cidades da Alemanha destruídas pelos bombardeios da Segunda Guerra Mundial – os maridos tinham morrido em combate, estavam inválidos ou eram prisioneiros de guerra. Como um *Trümmermann*, o homem das ruínas, esquivando-se da raiva, da decepção e da saudade do pai, Iseu Nunes deu forma a três impressionantes criações intelectuais. A primeira foi uma rede de pesquisa, a Farmabrasilis, que ganhou o mundo por meio de um *site* feito por ele. A segunda, uma hipótese sobre o mecanismo de ação da molécula e uma explicação lógica – um racional, como ele dizia – para os efeitos observados em doenças e até então desconectados. A terceira, uma política de uso do medicamento que evitasse os mesmos problemas do passado. Com base no *site*, no racional e nas propostas de uso do P-Mapa, ele iniciou uma colaboração com pesquisadores dos Estados Unidos que permitiu a retomada da pesquisa, refez a credibilidade do trabalho e novamente atraiu grupos de cientistas e médicos de Campinas e de São Paulo interessados em conhecer melhor um fármaco tão incomum. Com ele, a pesquisa renasceu pela segunda vez.

Em 2001, porém, a situação era ainda mais dramática do que 17 anos, quando ele reorganizou a pesquisa após voltar da Amazônia. Depois do rompimento com Odilon e dos conflitos familiares, o grupo de pesquisa estava praticamente desfeito – apenas Giselle Justo fazia experimentos com o P-Mapa – e os antigos caminhos não poderiam ser trilhados outra vez. A equipe do Ministério da Saúde que apoiara o trabalho com o composto havia se desfeito com o afastamento de Lair Guerra, causado por um sério acidente de carro – alguns de seus assistentes tinham se mudado para a Organização Mundial da Saúde em Genebra – e os diretores da empresa de Campinas dificilmente aceitariam conversar depois de Odilon ter se negado a assinar o acordo de licenciamento para produção industrial do SB-73.

Ao poucos, examinando o passado, Iseu Nunes concluiu que os pressupostos em que se apoiaram eram inconsistentes. Ele, Nelson Duran e os outros pesquisadores acreditaram na possibilidade de cooperação com empresas farmacêuticas, mas qualquer acordo no Brasil dificilmente daria certo, ao menos naquela época. Porque, para as empresas, apesar do discurso de valorização da inovação, o desenvolvimento de novos fármacos implicava investimentos elevados, resultados incertos e riscos desnecessários diante da possibilidade de lucros imediatos com as compras do governo de medicamentos genéricos ou de formulações novas para produtos antigos. Ao pensar nisso, ele finalmente entendia a resistência que sentira ao longo das conversas com os diretores do IQC. O voluntarismo de Odilon tinha sido uma barreira evidente para um acordo, mas as raízes mais profundas eram a dificuldade ou o desinteresse na interação entre cientistas, governo e empresários.

Em busca de alternativas, ele se lembrou de uma estratégia de trabalho coletivo que conhecera enquanto elaborava o Clinical Navigator. Na década de 1990, o estudante de computação Linus Torvalds usou a nascente internet para buscar mundo afora quem o ajudasse a desenvolver o sistema operacional Linux como alternativa ao Windows. Ele liberava o código-fonte (as informações básicas de um programa, normalmente sigilosas) em troca da colaboração no desenvolvimento dos programas; mais tarde, por meio de uma estratégia que ganhou o nome de *free for all*, os programas resultantes do trabalho em equipe poderiam ser compartilhados sem cobrança de *royalties*. O Apache Group, criado para apoiar o desenvolvimento de programas de computador de uso livre para provedores de serviços de internet, adotava uma estratégia semelhante. A Fundação Apache fornecia apoio organizacional, legal e financeiro para a elaboração de programas que seriam distribuídos gratuitamente depois de concluídos.

Uma abordagem igualmente aberta, ele imaginou, poderia ajudar a concluir o trabalho com o P-Mapa. Em termos práticos: para fazer o conhecimento produzido chegar aos usuários, uma saída possível seria deixar de lado o modelo tradicional de pesquisa e desenvolvimento de medicamentos, focado na propriedade intelectual privada e nas grandes empresas farmacêuticas, em geral as únicas a ter o capital necessário para fazer os testes exigidos pelas autoridades regulatórias. Por meio da internet, ele pensou, talvez fosse possível unir competências dispersas e grupos com objetivos comuns, como os que haviam elaborado o Apache e o Linux, em uma escala mais ampla do que tinha sido feito por meio do Cedecab de 1985 a 1994. Para levar adiante essa proposta de trabalho ele criou a Farmabrasilis, espécie de organização não governamental que emergiu em 2004 como uma rede virtual de pesquisa e desenvolvimento de fármacos. O *site* da Farmabrasilis entrou no ar no ano seguinte, com uma descrição das propriedades do P-Mapa, reunidas em um documento único, a chamada monografia de produto farmacêutico, e as propostas de uso, que amadureciam lentamente.

Para integrar os resultados sobre a ação do P-Mapa sobre vírus, bactérias e tumores e preparar a monografia, Iseu Nunes analisou os relatos de experimentos antigos e novos e os reforçou com artigos científicos que encontrava na internet. Ele e Nelson Duran concluíram que os dados, vistos em conjunto, indicavam que o P-Mapa era um imunomodulador de amplo espectro de ação. Seu mecanismo de ação poderia ser explicado, ao menos em parte, pela habilidade de estimular a produção de moléculas-chave do sistema de defesas do organismo chamadas citocinas, principalmente o interferon-gama. O interferon-gama é antiviral e antitumoral, induz o reconhecimento de micróbios e estimula a produção de anticorpos e células de defesa, especialmente linfócitos. Inversamente, o P-Mapa deveria induzir uma redução dos níveis de interleucina 10, uma citocina que, de modo oposto ao interferon-gama, bloqueia a ação das células de defesa e permite a proliferação de microrganismos e tumores. A hipótese se mostrou consistente: anos depois, uma equipe da Unicamp, por meio de experimentos em ratas, confirmou a capacidade de o P-Mapa estimular a produção de interferon-gama. Na Unesp de Araçatuba, outra equipe tratou com P-Mapa cães infectados pelo protozoário causador de leishmaniose e verificou um aumento de cinco vezes na produção de interferon-gama e uma redução de três vezes nos níveis de interleucina 10, em comparação com animais não tratados. No final do estudo, os cães que receberam a medicação apresentavam uma quantidade de parasitas cem vezes menor que no início do tratamento.[93]

A monografia apresentava a hipótese do mecanismo de ação e detalhava as propriedades do P-Mapa em tópicos organizados em ordem crescente de complexidade – caracterização química, testes de toxicidade e eficácia em células e animais, e ensaio piloto em pessoas com HIV/Aids. As descrições, apresentadas em linguagem técnica, diluíam o fato de os testes em animais terem sido feitos antes da pesquisa básica, invertendo a ordem habitual. O *site*, ao apresentar uma síntese e interpretação das pesquisas, tornava-se um veículo de comunicação, como se fosse uma revista científica, e os *links* para informações da monografia seriam usados para reforçar a argumentação dos artigos científicos a serem publicados nos anos seguintes.

A política de uso do medicamento – a *policy* – foi outra mudança radical exposta no *site*. Agora, em vez de produzir informações e *depois* ver o que fazer e quem decide, como na estratégia anterior, apresentava-se o plano *antes* das ações. A estratégia de ação assentava-se em um modelo coletivo de desenvolvimento de fármacos e na possibilidade de repasse dos dados e de licenciamento da tecnologia sem custos. Desse modo a Farmabrasilis se propunha a integrar a produção de conhecimento científico com uma política para produção e distribuição de medicamentos "sem incorrer nos altos custos usuais da indústria, que frequentemente eleva o preço para o consumidor e coloca os medicamentos fora de alcance da maior parte da população do mundo", como declarado no *site*. O argumento era que universidades e centros de pesquisa em países em desenvolvimento poderiam ter recursos humanos e materiais para trabalhar em novos medicamentos, mas, por falta de articulação entre os trabalhos e os grupos de pesquisa, as informações permaneciam dispersas, sem se integrarem em projetos multidisciplinares de longo prazo como o de desenvolvimento de medicamentos.

Até aquele momento não havia evidências de que uma abordagem coletiva pudesse levar a novos fármacos, mas Iseu Nunes estava convencido de que uma grande empresa farmacêutica poderia não ser o único caminho de pesquisa e produção de medicamentos, caso o conhecimento pudesse ser produzido em conjunto e compartilhado e a produção realizada em unidades pequenas e descentralizadas, semelhantes às usadas para produzir o P-Mapa. Se, ainda na fase de planta piloto, era possível obter de 150 a 200 miligramas do composto por litro de meio de cultura, hipoteticamente apenas um fermentador de 100 litros, em produção contínua, poderia produzir o suficiente para atender 1 mil pessoas por ano. "Pequenas unidades de produção, com fermentadores de porte pequeno ou médio, podem ser integradas, dispensando grandes equipamentos industriais, e funcionar próximas aos locais de consumo, com a participação de empresas públicas ou privadas que cuidariam da purificação final, da avaliação da qualidade e da embalagem adequada dos medicamentos, indispensáveis para garantir seu uso seguro", ele pensou.

A Farmabrasilis incorporou uma estratégia adotada pela equipe do Linux para permitir o acesso amplo aos resultados da pesquisa: a possibilidade de liberação de cobrança de *royalties* dos produtos que resultassem do esforço do grupo, o *free for all*. O *site* assegurava que os medicamentos desenvolvidos por meio dessa rede de pesquisa poderiam ser "licenciados sem *royalties* quando necessário, de modo a estender o uso para populações que, de outro modo, seriam incapazes de comprá-los", mas também se precavia contra o mau uso das informações: "A Farmabrasilis estenderá essa oferta a seu próprio critério e pode, para outras populações, requerer o pagamento de *royalties*". Com essa proposta, adotava-se um mecanismo flexível de licenciamento da propriedade intelectual, a patente liga-desliga: poderia ser *ligada*, impedindo que empresas farmacêuticas se apropriassem do composto para exploração comercial, ou *desligada*, permitindo a livre produção, sem cobrança de *royalties*, no caso de atendimento a doenças negligenciadas ou em programas de saúde pública no Brasil ou em outros países. Iseu Nunes expôs o raciocínio sobre a patente liga-desliga a Nelson Duran, um dos autores das patentes, que o apoiou e, como ele, abdicou das possibilidades de ganhos econômicos caso o P-Mapa fosse usado por populações que não pudessem pagar *royalties*. "Se não fizermos todos os esforços para pôr o P-Mapa em uso amplo, repetiremos erros personalistas de nosso grupo e de outros",

Iseu argumentou. "Não podemos perder o conhecimento que construímos."

Admirado, Nelson Duran reconheceu os novos rumos projetados para a pesquisa e, a partir desse momento, começou a ter dificuldade para acompanhar as abstrações de Iseu, que iam muito além da ciência clássica produzida em laboratório. A Farmabrasilis conquistou a admiração e o respeito dos pesquisadores, mas não conseguiu cumprir todas as metas almejadas. Em setembro de 2010, Iseu fez uma apresentação de 30 minutos em um encontro sobre inovação de fármacos em São Paulo e conversou com empresários e pesquisadores para detalhar as propostas da Farmabrasilis e as possibilidades de uso do P-Mapa. Mesmo sem resultados concretos, já que nenhuma das conversas resultou em novas colaborações, sua palestra foi uma homenagem a Odilon da Silva Nunes, a quem ele deu o crédito do trabalho logo ao assumir o microfone. Nessas ocasiões Iseu usava o relógio com pulseira de metal que seu pai tinha lhe deixado pouco antes de morrer.

- *Welcome*, P-Mapa

No início de 2006, em busca de grupos ou instituições que ajudassem a explorar as propriedades do P-Mapa e a testar as hipóteses sobre o mecanismo de ação, Iseu Nunes descobriu que o Instituto Nacional de Alergia e Doenças Infecciosas (NIAID), dos Estados Unidos, estava à procura de novas substâncias que pudessem deter a ação de vírus e bactérias. Ele verificou que substâncias de outros países poderiam ser testadas, desde que selecionadas, e recebeu um formulário por meio do qual deveria formalizar seu interesse. Assinalou as doenças causadas por vírus contra as quais ele acreditava que o P-Mapa poderia ter alguma ação – entre outras, herpes, hepatites B e C, vírus do oeste do Nilo, síndrome respiratória aguda grave (SARS) e papiloma vírus humano (HPV), escolhidas entre cerca de 30 possibilidades apresentadas –, acrescentou uma síntese dos resultados experimentais obtidos até aquele momento e enviou tudo por *e-mail*. A resposta chegou em alguns dias, confirmando a aceitação do pedido. Seu primeiro contato foi com Heather Greenstone, coordenadora do programa de avaliações em modelos animais. Em 12 de maio, duas semanas depois de ter enviado a consulta via internet, Iseu recebia pelo correio um contrato assinado pelo NIAID, formalizando a colaboração para a realização dos testes.

Os coordenadores dos testes pediram mais informações e Iseu enviou a monografia e a hipótese do mecanismo de ação, enfatizando a possibilidade de estímulo à produção de interferon-gama. Várias cartas e documentos foram traduzidos ou revisados com esmero por Marcos Fávero Florence de Barros, ex-engenheiro químico. Depois de ver que o programa do instituto dos Estados Unidos começava com testes de compostos *in vitro* e seguia para a fase *in vivo* apenas se mostrassem resultados relevantes, Iseu expôs seu receio de que o

P-Mapa dificilmente funcionaria *in vitro*, por depender do sistema imunológico para agir, e perguntou sobre a possibilidade de começar diretamente com as avaliações *in vivo*, mais caras, mas talvez mais adequadas para avaliar a eficácia desse composto. Os líderes de pesquisa do NIAID disseram que poderiam dispensar os testes *in vitro* se houvesse uma argumentação consistente. Iseu construiu os argumentos, com base nas hipóteses de ação do P-Mapa sobre as defesas do organismo, e convenceu os administradores do NIAID a começar os testes diretamente em animais. Não havia uma linha de pesquisa específica para imunomoduladores, mas a abriram em 2006, de modo a atender o P-Mapa.

Iseu Nunes e Nelson Duran preferiam avaliar a resposta do P-Mapa contra herpes e hepatite, duas possibilidades que constavam no questionário enviado ao NIAID, mas o diálogo levou a outra direção. Elaborado com base no sumário enviado pela Farmabrasilis e realizado em menos de seis meses, o primeiro estudo realizado nos Estados Unidos avaliou a resposta do composto brasileiro contra o vírus Punta Toro (PTV), que produz em camundongos e em hamsters uma doença hepática fatal similar à causada em seres humanos pelo vírus da febre do Rift Valley, endêmica na África subsaariana. A infecção que o PTV produzia com rapidez em camundongos geralmente respondia bem a imunomoduladores como o P-Mapa. De acordo com o plano de trabalho, a ação do composto brasileiro seria avaliada em camundongos por meio da comparação com grupos-controle de animais tratados com salina ou com ribavirina, o único medicamento aprovado pela FDA para tratar hepatite C, em combinação com interferons.

Nelson Duran estava cético sobre os possíveis resultados do experimento, já que a resposta de defesa induzida por anticorpos, como a que ele imaginava, geralmente demorava sete dias para começar a agir. "Se for mesmo esse o mecanismo de ação, o P-Mapa não vai funcionar, porque esse vírus mata em 48 horas", ele disse. Não tiveram de esperar muito para conferir: o P-Mapa funcionou. Uma dose única, administrada 24 horas após a aplicação dos vírus, foi altamente eficaz para prevenir as mortes pelo PTV, com sobrevivência de 100% dos animais tratados, além de reduzir a quantidade de vírus em circulação no organismo dos animais. O P-Mapa aplicado em dose única apresentou o mesmo efeito que o da ribavirina, aplicada em cinco doses, começando quatro horas antes da inoculação do vírus, em uma dosagem 2,5 vezes maior.[94]

Os resultados dos testes nos Estados Unidos indicavam que parte dos efeitos do P-Mapa estava ligada à ativação e restauração de funções do sistema de defesas do organismo por meio do estímulo à produção de interferon-gama, confirmando o mecanismo básico de ação formulado a partir da análise dos resultados acumulados até então. Uma vez confirmada, a hipótese conectava resultados que permaneciam dispersos. Os experimentos em animais e os estudos clínicos com o P-Mapa haviam mostrado de modo fragmentado os ecos dos interferon-gama, como a intensificação da produção de células do tipo *natural killer* (NK), um tipo de células de defesa, e a redução da produção de moléculas que suprimem a ação do sistema de defesas do organismo, como a interleucina 10, mas faltava uma explicação. Muitos anos antes, os médicos que aplicaram a substância em pessoas com HIV/Aids notavam não só a regressão dos sintomas da doença, mas também o desaparecimento de infecções oportunistas como a candidíase, que progridem quando o sistema de defesas do organismo está debilitado. Os testes do NIAID e a confirmação da hipótese sobre o interferon-gama elucidavam a ação contra vírus e infecções oportunistas.

A versatilidade da molécula começava a ganhar uma explicação. Resultados aparentemente contraditórios de uma substância que atuava contra tumores em camundongos e vírus em galinhas, cães e seres humanos, longe de representarem experimentos mal feitos ou mal interpretados, agora pareciam ligados a essa propriedade do

P-Mapa de mobilizar as defesas do organismo. Os testes no NIAID – seguiram-se outros dois, também com resultados positivos – ampliavam o espectro de ação do P-Mapa, tornando-o uma potencial alternativa terapêutica para doenças contra as quais seu uso ainda não havia sido cogitado, como algumas formas de hepatites tratadas com interferons e ribavirina.

Em busca das implicações das informações mais recentes, Iseu Nunes elaborou a hipótese de que a habilidade do P-Mapa de aumentar a concentração ou restabelecer a produção de interferon-gama poderia ser útil para tratar doenças infecciosas comuns em países pobres, as chamadas doenças negligenciadas, como tuberculose, malária, leishmaniose e hanseníase, também associadas à redução da produção de interferon-gama. Portanto, ele pensou, uma molécula capaz de estimular a produção de interferon-gama e ampliar a eficácia de outros medicamentos, se usada como adjuvante, poderia beneficiar o tratamento dessas enfermidades, contra as quais medicamentos novos eram bastante escassos. As empresas farmacêuticas argumentavam que era muito caro e arriscado investir em fármacos para tratar pessoas com essas doenças, normalmente ligadas a países e populações pobres, que raramente compravam medicamentos.

Iseu Nunes e Nelson Duran concordaram em outro ponto: a possibilidade de uso do P-Mapa em doenças negligenciadas poderia facilitar a aceitação do composto e das propostas de desenvolvimento aberto e coletivo de medicamentos apresentadas na internet. Em 2007, os dados do NIAID favoreceram o amadurecimento de uma proposta científico-política focada em doenças infecciosas e negligenciadas, com a perspectiva de transferência de tecnologia a custos baixos ou mesmo sem custos para países ou instituições que não pudessem pagar. A equipe começou a se recompor a partir dessa estratégia. Nelson Duran expôs os argumentos que justificavam o uso do P-Mapa em doenças infecciosas ao biólogo Fábio Maranhão Trindade Costa, professor do Instituto de Biologia da Unicamp, que se dispôs a fazer os testes em camundongos infectados com o protozoário causador da malária, sua especialidade.

A equipe de Fábio Costa aplicou uma solução de *Plasmodium chabaudi*, uma variedade bastante agressiva do protozoário causador da doença, em um grupo de camundongos. Depois de a doença se estabelecer, metade recebeu P-Mapa e a outra metade não recebeu nenhum medicamento. Em março de 2007, os primeiros resultados: os animais que haviam recebido P-Mapa estavam bem, enquanto os do outro grupo tremiam continuamente, com pelo eriçado, indicando que a doença progredia. Resultado final: metade dos animais do grupo do P-Mapa sobreviveu, enquanto apenas 20% dos do outro grupo resistiram à infecção, indicando que o composto derivado de um fungo, que havia sido usado contra tumores e bactérias em camundongos e vírus em galinhas, cães e pessoas, poderia agir também contra malária, doença causada por outra categoria de microrganismo, um protozoário. Apesar dos resultados iniciais positivos, as análises não prosseguiram, desta vez por causa da escassez de materiais e de pessoas com tempo para se dedicar a um estudo que não contava com apoio financeiro formal dos órgãos públicos de apoio à pesquisa.

* * *

Desde que havia escrito para o NIAID, Iseu Nunes imaginava que as avaliações finais e a aprovação do P-Mapa para uso amplo pelos interessados poderiam ser feitas em outros países. Em 2006 ele encontrou uma empresa especializada nessa área na Cidade do Cabo, na África do Sul, que poderia realizar os ensaios clínicos de fase I e II em doenças negligenciadas por cerca de US$ 500 mil. Era um valor bem menor do que ele esperava, indicando que os custos astronômicos apresentados pelas empresas farmacêuticas para desenvolver novos fármacos eram superestimados, com o propósito de reduzir a concorrência ou justificar os preços finais dos medicamentos. O plano dos testes, com uma previsão de 40 pessoas a serem tratadas, seria examinado pelos comitês governamentais em um prazo de três meses e, se aprovados, realizados em seis meses – muito mais rápido que no Brasil. Os testes seguiam os critérios de avaliação da FDA e, portanto, poderiam ser aceitos nos Estados Unidos e em outros países. Era uma possibilidade atraente, que não avançou, porém, porque faltava o dinheiro para pagar os testes.

Iseu Nunes começou a escrever para instituições de outros países apresentando o P-Mapa e propondo colaborações; quando voltava uma resposta, era negativa. Mesmo manifestações iniciais de interesse terminavam em recusa. Em dezembro de 2006 ele mandou um *e-mail* para a Cancer Research UK, fundação sem fins lucrativos mantida por doações de 1 milhão de pessoas e pelo trabalho de 45 mil voluntários que apoiava novos tratamentos e diagnósticos para câncer. Um dos médicos pediu mais informações, mas, em fevereiro de 2007, uma mensagem do departamento de licenciamento informava que o P-Mapa não se enquadrava no programa que promovia colaborações com grandes empresas farmacêuticas e centros de pesquisa da Inglaterra e de outros países.

Do final de 2006 a meados de 2007 Iseu pesquisou sobre a origem e o desenvolvimento, do ponto de vista imunológico, de três doenças – tuberculose, Aids e malária. Seu propósito era propor o uso do P-Mapa como terapia complementar no tratamento de pessoas com o vírus da Aids que vivessem em regiões de alta prevalência de tuberculose e malária. Ele concluiu que os microrganismos causadores das três doenças, como resultado de uma estratégia de sobrevivência, deveriam bloquear a produção de interferon-gama, que aciona as defesas do organismo, e estimular a produção de interleucina 10, que suprime os mecanismos de proteção. As doenças, ele raciocinou, estariam ligadas, uma avançando à sombra da outra.

A seu ver, um composto como o P-Mapa, que restabelecesse as defesas do organismo, restaurando a produção de interferon-gama e reduzindo a de interleucina 10, poderia evitar o efeito cumulativo das doenças. Concluído em junho de 2007, o texto de quatro páginas propondo o uso do P-Mapa em doenças infecciosas foi enviado à Fundação Bill e Mellinda Gates e à Fundação Rockefeller e, naquele momento, ambas o recusaram. As propostas e argumentos científicos aindam não eram fortes o bastante para atrair o interesse de outros grupos e instituições para uma substância que havia sido usada contra HIV/Aids, passado por um teste contra malária e naquele mesmo ano foi aceita para ser avaliada contra tuberculose nos Estados Unidos.

Os labirintos da tuberculose

Em 2007, com base nos resultados dos experimentos com o PTV, Iseu Nunes consultou Robert Goldmann, um dos coordenadores do NIAID, sobre a possibilidade de incluir o P-Mapa em outro programa do instituto, o Tuberculosis Antimicrobial Acquisition and Coordinating Facility (TAACF). Por meio de contratos com instituições e grupos de pesquisa, o TAACF avaliava compostos promissores contra tuberculose – que não atrai o interesse de grandes empresas farmacêuticas por não ser tão lucrativa quanto outras doenças – em modelos experimentais *in vitro* e *in vivo* sob confidencialidade e sem custos para quem os enviasse.

O TAACF aceitou o P-Mapa para testes contra tuberculose, que Iseu Nunes e Nelson Duran não haviam conseguido fazer no Brasil – as conversas com especialistas nessa área não levaram a nenhuma ação concreta. Assim que pôde, Iseu perguntou sobre a possibilidade de, outra vez, seguirem direto para os testes *in vivo*. Enviou textos e gráficos que caracterizavam o composto como imunomodulador, reforçando a argumentação com o plano de usá-lo contra Aids, tuberculose e malária. Em fevereiro de 2008, chegou um *e-mail* de Robert Goldman informando que um comitê do TAACF havia aprovado a possibilidade de começar pelos estudos *in vivo*. Desde 2002, dos 56.640 compostos que haviam sido testados, 5.206 seguiram para a fase seguinte, de confirmação da eficácia e estudos de toxicidade, 18 chegaram à fase das avaliações *in vivo* e apenas quatro apresentaram resultados após os testes, entre eles o P-Mapa.

Como os anteriores, feitos por outro grupo do NIAID, os primeiros estudos do TAACF em animais – comparando a ação do P-Mapa com a da BCG, o tratamento clássico contra tuberculose – foram realizados em menos de seis meses. E o resultado foi enviado com rapidez.

Por volta das 3 da tarde de 4 de dezembro de 2008, Iseu recebeu um *e-mail* de Robert Goldman com uma conclusão sucinta e alguns gráficos, relatando que o P-Mapa tinha sido eficaz, mesmo em uma dosagem baixa (5 miligramas por quilograma), contra uma variedade de *Mycobacterium* causadora de uma forma grave de tuberculose em camundongos. Os resultados motivaram outros estudos, em dosagens maiores, realizados em 2009. O P-Mapa agiu a contento também na segunda fase de testes, mas nem tudo correu tão bem. Diferentemente da primeira equipe, a segunda não enviou os resultados de imediato; Iseu cobrou, sem resposta, esperou, cobrou outra vez, e só os obteve quase dois anos depois. Nesse período, o TAACF foi extinto, por causa da contenção orçamentária à pesquisa científica nos Estados Unidos, e, por essa razão, a equipe do NIAID não aprovou os pedidos para outras avaliações do P-Mapa.

Em janeiro de 2009 Iseu Nunes soube que uma organização não governamental internacional, a Stop TB Partnership, ligada à Organização Mundial da Saúde, preparava o 3º Fórum Mundial Stop TB para março seguinte no Rio de Janeiro. O objetivo do encontro, realizado pela primeira vez no Brasil, era fortalecer a rede de organizações e indivíduos interessados em trabalhar em conjunto para deter a tuberculose no mundo. Ele inscreveu a Farmabrasilis, que foi aceita, e ganhou um estande de seis metros quadrados, sem custos. Em seguida, ele inscreveu a Farmabrasilis como membro da Stop TB e, no dia seguinte, recebeu um comunicado de aceitação; no mesmo dia, os dados sobre a Farmabrasilis estavam na página dos 1.017 parceiros mundiais da Stop TB, um grupo que, ele imaginava, poderia facilitar o andamento dos testes finais com o P-Mapa. Quando os organizadores do fórum perguntaram aos membros do grupo o que pretendiam fazer para o Dia Mundial de Combate à Tuberculose, 24 de março, Iseu retomou a proposta de uso do P-Mapa como adjuvante no tratamento de doenças infecciosas e a estratégia de desenvolvimento de fármacos apresentada sem sucesso à Fundação Gates dois anos antes. Em 11 de março, ele postou uma mensagem no blog do fórum comunicando que apresentaria uma proposta para combater doenças infecciosas, incluindo tuberculose, no encontro do Rio de Janeiro.

A proposta da Farmabrasilis consistia de três partes: um enfoque terapêutico, com base na restauração das defesas do organismo; um fármaco, o P-Mapa, aparentemente apto a cumprir essa tarefa; e uma estratégia de trabalho conjunto, por meio de colaborações com outras instituições ou grupos que permitissem a realização dos testes finais e a transferência de tecnologia de produção sem cobrança de *royalties*, no caso de populações e doenças negligenciadas. Iseu Nunes e Marcos Fávero trabalharam dois meses nessa proposta, colocada no *site* da Farmabrasilis em 24 de março, para coincidir com o Dia Mundial de Combate à Tuberculose, e exposta em um dos cartazes levados para o Rio de Janeiro.

De 22 a 25 de março, a Farmabrasilis se materializou no estande 22 no Centro de Convenções Sul-América, no Rio, ao lado de outras organizações não governamentais, que cercavam o imenso estande central do Ministério da Saúde. Enquanto Nelson Duran e Marcos Fávero, com o apoio de Cláudia, esposa de Iseu, revezavam-se no atendimento aos visitantes do estande, Iseu e Silmara distribuíam 80 CD-ROM e 330 folhetos com a proposta da Farmabrasilis e documentos sobre o P-Mapa a ministros de saúde e diretores de organizações internacionais como a própria Stop TB. Uma reportagem publicada no segundo dia do encontro, 24 de março, com o título "Brasil desenvolve novo fármaco contra tuberculose",[95] atraiu mais visitantes ao estande, mas as conversas, outra vez, não levaram a nenhum acordo que facilitasse a realização dos testes clínicos finais da substância já com 50 anos de história, contando apenas a partir do reencontro com o fungo.

* * *

Iseu e Silmara trabalhavam juntos desde 2000, quando ela perdeu a paciência e rompeu com o pai, reaproximou-se do irmão e pediu desculpas pela perseguição contra ele e os outros pesquisadores nos anos anteriores. Enquanto ele se dedicava à reorganização conceitual da pesquisa, ela cuidava da produção, que implicava cultivar os fungos e reinstalar, esterilizar e colocar em funcionamento os equipamentos de fermentação e extração do P-Mapa. Ambos dividiam os custos de produção, que consumia pelo menos R$ 5 mil por mês. E havia as despesas extras. No início de 2010 desembolsaram quase R$ 20 mil para pagar os advogados dos Estados Unidos que cuidavam de um dos pedidos de patente do P-Mapa. No início de 2013 foram mais R$ 10 mil para comprar uma cabine de fluxo laminar e evitar a contaminação da cultura de fungos.

A produção do P-Mapa ainda era um processo artesanal. Silmara cultivava o fungo, que crescia e se multiplicava durante alguns dias em condições adequadas. Depois Iseu cozinhava o meio de cultura em panelas industriais e bombeava a massa quente para os fermentadores, nos quais em seguida se depositava o fungo triturado. Silmara acompanhava a fermentação e, uma semana depois, colhia e analisava amostras do líquido amarelado que se formava. Quanto mais a cor estivesse próxima de um extrato cor de tamarindo, mais próximo o momento em que a fermentação estaria concluída e os cristais teriam se formado. Então Iseu voltava ao laboratório e trabalhava um ou dois dias para extrair os cristais de P-Mapa.

Na manhã de 10 de julho de 2009, ele vestiu um avental grosso de plástico azul, abriu a torneira de um dos fermentadores de 100 litros e deixou cair um pouco do líquido amarelado sobre um balde branco – e repetiria essa mesma operação muitas vezes ao longo do dia, até esvaziar o fermentador. O líquido seguiu para a primeira filtragem, em um filtro a vácuo. Enquanto o líquido escoava sobre outro balde, na bancada anexa a uma das paredes do quintal semicoberto ele pesou e diluiu um pouco de barrilha, uma base química forte, e aqueceu a solução em uma panela de teflon em um fogão industrial. Em seguida, despejou o líquido em filtros de papel colocados sobre potes de vidro, esperou que esfriasse e o misturou com o líquido amarelo que já havia passado pela filtragem. Uma das modificações em relação ao método adotado por Odilon nas décadas anteriores foi a substituição de hidróxido de sódio, a soda cáustica, por carbonato de sódio, a barrilha, para neutralizar o meio de cultura. Por ser uma base forte, com pH 11,6, apenas um pouco abaixo do hidróxido de sódio, de pH 13, o carbonato de sódio servia também para eliminar bactérias e outros contaminantes. Como reação à base forte, a porção sólida, que continha os cristais de P-Mapa, se separava do líquido. Iseu conferiu o pH, transferiu a solução para um recipiente de vidro transparente e os cristais brancos, agora visíveis contra a luz, começaram a se formar e a se precipitar. O líquido descansaria por um dia e seria filtrado outra vez, e os cristais lavados e secados em ambiente estéril. Desse modo acumulavam P-Mapa para as pesquisas que estavam prestes a recomeçar em Campinas.

- Oito coelhas em uma escola de crianças

"Boi preto sempre encontra boi preto", costumava dizer a avó de Iseu, Leocádia, precavendo-se contra as promessas do garoto de deixar de andar com turmas bagunceiras, cujas façanhas, como o passeio não autorizado em uma locomotiva, deixavam a família de cabelo em pé. Em 2009 Iseu conheceu Wagner Fávaro, que fez do P-Mapa o centro de seu trabalho na Unesp e depois na Unicamp.

Em fevereiro de 2009, no final do pós-doutorado, depois de nove anos na Unicamp, Wagner Fávaro estava insatisfeito com o tipo de pesquisa que fazia: parecia-lhe pouco original. Para agravar sua inquietação, um amigo do curso de graduação em Enfermagem morreu de câncer. Meses depois um professor com quem trabalhava lhe contou sobre um novo medicamento chamado P-Mapa, comentado por um de seus pacientes, Nelson Duran. Como Wagner não pôde ir, um médico de seu grupo apresentou-se a Nelson Duran e recebeu uma amostra da substância, mas não fez os experimentos previstos e pediu ajuda para ele, que assumiu o trabalho. Wagner tinha visto no *site* da Farmabrasilis que o P-Mapa era aplicado por via intraperitoneal (no abdômen), com efeito sistêmico, mas preferiu usar por via intravesical, por meio de uma sonda, na bexiga de ratas, para ver se formava cálculos (pedras) nos rins, como era comum, e adotar o mesmo modo de aplicação da BCG, o medicamento mais usado para tratar câncer de bexiga.

Seis semanas após ter injetado uma substância que induzia o câncer de bexiga, ele começou o tratamento, aplicando uma solução de P-Mapa ou de BCG, que banhava a bexiga antes de ser eliminada. Ao ver as lâminas de microscópio com fatias de órgãos e tecidos, seu colega, que tinha obtido o P-Mapa, achou que a substância não havia apresentado qualquer efeito. Wagner discordou, porque não vira qualquer alteração na bexiga dos animais que ele próprio havia examinado. O que poderia ser confundido por uma lesão tumoral, ele conferiu, era colágeno, um tecido de revestimento, remodelado. As análises microscópicas confirmaram as macroscópicas: não havia qualquer sinal de câncer. Wagner Fávaro ficou intrigado, porque até então nenhuma das associações de BCG com outras substâncias que ele testara tinha funcionado.

"Você tratou com BCG?", perguntou Athanase Billis, professor de anatomia a quem ele pediu para ver as lâminas de microscópio com amostras de tecidos de animais tratados com P-Mapa. Athanase Billis examinou outra vez as lâminas, nas quais encontrara apenas sinais de uma pequena reação inflamatória, e propôs um estudo cego: Wagner aplicaria a substância em animais cuja identificação apenas o técnico do laboratório conheceria e entregaria as lâminas para ele examinar. Viram o mesmo efeito e Wagner ligou para Iseu dizendo que gostaria de trabalhar com o P-Mapa. Os objetivos convergiram. Quando se encontraram, Wagner contou que tinha desenvolvido modelos de experimentos em animais para estudar câncer de bexiga e próstata e que pesquisava a ação de BCG, hormônios e proteínas da superfície celular conhecidas como *toll-like receptors* (TLR). Iseu viu as imagens das lâminas e perguntou como ele explicaria o resultado com o P-Mapa. "Pode ser algo com *toll*", cogitou Wagner. Em seguida Iseu mostrou em seu computador um gráfico que recebera uma semana antes, indicando que o P-Mapa ativava os TLR-2 e 4 *in vitro*.

Dois anos antes, ao avaliar um dos testes em camundongos infectados com o vírus Punta Toro, Brian Gowen, da Universidade do Estado de Utah, comentou com Iseu que o efeito do P-Mapa deveria ser um resultado da ativação dos *toll-like receptors*. Os *toll-like receptors* são um conjunto de 12 proteínas da superfície das células e constituem a primeira linha de defesa contra tumores e microrganismos causadores de doenças. Esses receptores, uma vez ativados, acionam outras moléculas no interior das células, que por sua vez estimulam a produção de células de defesa, anticorpos e citocinas como o interferon-gama contra toxinas ou micróbios que ameacem o equilíbrio do organismo. Se confirmada, essa possibilidade explicaria a ação do P-Mapa contra doenças e tumores de vários tipos.

Em outubro de 2009, com base no comentário de Brian Gowen e em outras indicações, Iseu Nunes e Nelson Duran encomendaram os testes do P-Mapa em *toll-like receptors* para a empresa InvivoGen, dos Estados Unidos. Os resultados chegaram um mês depois, indicando que a substância havia se ligado a dois tipos de receptores, os TLR-2 e 4, *in vitro*. Começava a tomar forma uma explicação sobre um dos mecanismos de ação do P-Mapa, partindo do receptor celular até a ativação de citocinas, células e outras formas de defesa do organismo contra tumores e micróbios. A capacidade de se ligar a esses receptores celulares elucidou como essa substância tinha agido contra os vírus Newcastle, parvovírus, HIV, herpes e Punta Toro, contra os fungos do gênero *Candida*, contra as bactérias *Salmonella*, *Listeria* e *Mycobacterium* e contra vários tipos de tumores. Compostos como o taxol, usado contra câncer, também acionam os *toll-like receptors*.

Ao ver o gráfico, mais uma vez impressionado, Wagner Fávaro disse que queria testar a ação do P-Mapa sobre os receptores *toll* em modelos animais, confirmando ou rejeitando os resultados em células, na Unesp de Botucatu, para onde estava indo por ter sido aprovado em um concurso para professor. Ainda na Unicamp ele refez os experimentos, comparando a ação de P-Mapa e de BCG em câncer de bexiga, e confirmou os resultados anteriores. "Eu nunca tinha trabalhado com qualquer coisa que fizesse o tumor desaparecer. Eu achava que havia alguma coisa errada", contou. Em junho de 2010 ele se mudou para Botucatu, assumiu o cargo de professor no Instituto de Biociências da Unesp e prosseguiu o trabalho com o P-Mapa. "Wagner comprou os reagentes para *toll* 2 e 4 com dinheiro do bolso dele", Iseu observou.[96] No final de julho Wagner pingou os reagentes nas amostras de tecidos e órgãos dos animais e confirmou a ação *in vivo* do P-Mapa sobre os receptores *toll*, já evidenciada *in vitro*. Finalmente emergia uma explicação abrangente para a versatilidade da substância capaz de deter doenças que, embora diferentes entre si, ativavam os mesmos mecanismos de defesa, por meio desses receptores celulares. Era a resposta à pergunta que incomodava Odilon, Iseu e Nelson Duran há décadas: como essa substância poderia agir contra câncer e também contra infecções? Agora estava claro: por ativar os receptores *toll* 2 e 4. Três anos depois o P-Mapa surpreenderia outra vez, ao indicar que poderia agir também *sem* os receptores *toll*.

Em um sábado em sua casa, Iseu expôs a Wagner seu plano de escrever o pedido de registro do P-Mapa como *orphan drug* nos Estados Unidos. O governo americano, por meio da FDA, concedia o *status* de *orphan drug* para medicamentos que pudessem ser usados em doenças que apresentassem uma prevalência (número de casos) de até 200 mil pessoas. Por causa do número baixo de casos, diante de outras com uma abrangência muito maior, como hipertensão ou diabetes, tais doenças não atraíam o interesse de empresas farmacêuticas, mas impunham ao sistema público de saúde gastos elevados em medicamentos e tratamentos médicos. Quando concedido, o *status* de *orphan drug* conferia visibilidade – a própria FDA divulgava os medicamentos aprovados –, facilitava o acesso a financiamentos do governo e de empresas e reduzia as exigências para os ensaios clínicos, que poderiam ser feitos com um número de participantes menor que o normalmente exigido.

Depois de estudar as regras da FDA durante meses, Iseu concluiu que o P-Mapa poderia ser proposto para tratar pessoas com câncer de bexiga nos casos em que a BCG, o tratamento padrão, não funcionasse de modo satisfatório. Se conseguissem o *status* de *orphan drug*, se pudessem fazer os testes clínicos e se as avaliações fossem positivas, poderiam pedir o registro do medicamento à FDA para tratar pessoas com a doença contra a qual havia sido avaliado. A mesma documentação poderia depois ser usada para pedir o registro no Brasil. Parecia mais fácil se conectar com os órgãos públicos dos Estados Unidos, mesmo sendo estrangeiro, do que com os equivalentes do Brasil. Wagner concordou com o plano. Seus experimentos haviam indicado uma regressão tumoral de 20% com a BCG e de mais de 80% com o P-Mapa. Além disso, ele se lembrava de quando tinha aplicado BCG na uretra de pessoas com câncer de bexiga durante o curso de Enfermagem: "A BCG queimava, os doentes gritavam de dor", relatou.

Wagner examinava o aumento ou a redução dos níveis de proteínas, como resultado da ação do P-Mapa, e aos poucos começou a detalhar o mecanismo de ação do fármaco que o fascinava e intrigava. Ele se surpreendeu outra vez ao ver que o P-Mapa, em ratas Fisher 344, restaurava a produção e a atividade de uma proteína conhecida como p53, cuja desregulação favorece o crescimento das células tumorais e a evolução de doenças infecciosas.

Com as informações que haviam obtido, Iseu Nunes e Wagner Fávaro planejaram um artigo científico ambicioso, unificando os resultados sobre a ação do P-Mapa em tuberculose e câncer de bexiga por meio da ativação dos receptores *toll* e da p53. Em 10 de janeiro de 2012 os dois trabalharam até as três da madrugada na sala de Wagner na Unesp de Botucatu para terminar o artigo. No dia seguinte começaram às oito o sacrifício e a coleta de sangue, tecidos e órgãos de ratas tratadas com P-Mapa ou BCG, com o reforço do biólogo Fábio Rodrigues Seiva e da bióloga Giovana Rampazzo Teixeira. Seguiram outra vez até a madrugada e dedicaram o terceiro dia ao sacrifício e coleta de sangue e órgãos de gerbilos, roedores parecidos com hamsters, tratados com P-Mapa. Para completar o pedido à FDA, Iseu precisava mostrar que a toxicidade do P-Mapa na bexiga e em outros órgãos era aceitável, de preferência nula, em três espécies diferentes de animais. Às 11 da noite, encerrado o trabalho, sentaram-se em um bar perto da universidade.

Iseu precisava de oito coelhas para completar as avaliações de toxicidade. Wagner conseguiu os animais em criadouros credenciados e, no dia 10 de fevereiro de 2012, pôs as gaiolas com os animais em seu carro e foi para Campinas. Iseu esperava com um furgão alugado. Transferiram os animais e seguiram para Pindamonhangaba. "Já vamos chegar à escola", Iseu avisou ao entrar na cidade. "Que escola?", perguntou Wagner. "Onde será o biotério", respondeu Iseu. Quando o furgão parou em frente ao Colégio Domus, de sua irmã Silmara, o portão se abriu e um bando de crianças alegres os recepcionou batendo palmas e festejando: "As coelhinhas chegaram!". Depois de acomodar os animais no biotério – uma sala que seria o laboratório de ciência e em poucas semanas ganhou azulejos, pia e medidores de temperatura e umidade –, Wagner conversou com as crianças em uma sala de aula. A meninada queria saber como era a vida de cientista, por que eles usavam animais nos experimentos, que garantias tinham de que os animais não sofreriam e o que pretendiam fazer.

Wagner e Iseu aplicaram P-Mapa em seis das oito coelhas durante oito semanas, começando no sábado seguinte; duas não receberam nada, além de água e ração, já que seriam usadas como controle. De jalecos e máscaras, organizavam os vidros de anestesia, as sondas e todo o material a ser usado sobre duas carteiras de sala de aula cobertas com papel branco, encostadas em uma parede com uma lousa. Iseu retirava as coelhas da gaiola uma a uma e as levava até Wagner, que aplicava a anestesia, e em seguida as devolvia à gaiola. As coelhas adormeciam, Iseu as retirava outra vez e as acomodava sobre a mesa para Wagner colocar a sonda na uretra e aplicar o P-Mapa, em três dosagens diferentes: duas coelhas recebiam 5 miligramas por quilograma, duas 50 e duas 100. Os animais voltavam adormecidos para a gaiola. Ao acordarem, eliminariam o composto, que já teria permanecido de 30 a 40 minutos na bexiga, como se fazia com a BCG.

Na terceira semana, Bruna Fernanda Campos Bertolino, assistente da escola que cursava Farmácia, encarregada de manter o espaço arejado e as gaiolas limpas, notou que as coelhas que haviam recebido

P-Mapa estavam ganhando peso, enquanto as que não haviam recebido permaneciam com o mesmo peso. Iseu e Wagner não souberam explicar: poderia ser, talvez, um resultado do aproveitamento dos componentes do P-Mapa, como a arginina e os ácidos graxos. No final de março eles levaram os animais para Campinas para avaliar os resultados. As análises não indicaram qualquer dano que pudesse ser atribuído ao P-Mapa, mesmo em concentrações elevadas.

Na Unicamp, para onde voltara após ter sido aprovado em outro concurso para professor, Wagner Fávaro organizou seu laboratório para continuar o trabalho com o P-Mapa. O primeiro a chegar foi o biólogo Patrick Viana Garcia, que se tornou seu imediato na coordenação do grupo, que em setembro de 2013 reunia 18 integrantes, de estudantes de graduação a pós-doutores. Seu estilo de trabalho tinhas duas regras básicas: todos faziam tudo, desde limpar gaiola de ratos até escrever artigos, e os dados de cada um eram também de todos. Como nenhum outro pesquisador acadêmico tinha feito antes, Wagner Fávaro colocou o logotipo da Farmabrasilis ao lado do das agências públicas de financiamento à pesquisa na placa pregada na porta de seu laboratório.

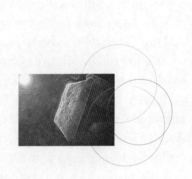

- O que fazer com tanta ciência?

O P-Mapa reemergia no mapa da ciência formal paulista. Em fevereiro de 2012, Wagner Fávaro expôs seus dados e planos para Osvaldo Sant'Anna e Denise Tambourgi, pesquisadores do Instituto Butantan. Osvaldo Sant'Anna visitara Nelson Duran e Iseu Nunes na Unicamp em setembro de 2010 e os convidara para uma conversa no Butantan. Iseu se animou, porque desde criança ouvia falar do Butantan, para onde as cobras capturadas nas matas de Birigui eram enviadas, e pela admiração pelo médico Vital Brazil, por coincidência, bisavô de Osvaldo Sant'Anna. Na primeira conversa, em dezembro de 2010, na sala de Osvaldo Sant'Anna, de paredes de madeira tomadas por fotos e desenhos de amigos, Iseu Nunes e Nelson Duran contaram o que tinham feito e o que ainda não tinham conseguido fazer.

Denise Tambourgi ouviu e com cautela perguntou por que não haviam sido feitas algumas coisas que lhe pareciam fundamentais, como o sequenciamento dos componentes da proteína do P-Mapa. "Cada um tem seus próprios talentos", ela disse, após mostrar os equipamentos e a equipe de seu laboratório. "Algumas pessoas só têm mão para biologia molecular, outras para biologia celular. Se não tiver jeito, não adianta insistir." Iseu concordou: "Verdade. Demorei quatro anos até acertar a mão com os fungos quando comecei a ajudar meu pai. Ele dizia: 'Calma, por enquanto vocês estão só se conhecendo.' 'Mas por que não dá certo?', eu perguntava. 'Não sei. Você também não vai saber. Mas tem de insistir, até acertar. Um dia sai. O trabalho para dar certo e dar errado é o mesmo', ele dizia. 'Mas eu não fiz nada errado!', eu dizia. 'Fez. Não produziu', ele dizia". Denise admirou-se: "Linha dura, hein?" e em seguida fez um elogio inesperado: "Seu pai era um grande cientista".

Denise começou a trabalhar com o P-Mapa em 2012 com a bióloga Mariana Gonçalves. O primeiro ano foi difícil. Elas viram que o P-Mapa não induzia a formação de anticorpos contra ele, o que poderia facilitar a identificação de seus efeitos, mas, por outro lado, indicava que o organismo não gerava mecanismos de resistência à substância. Não conseguiam diluir a molécula do modo satisfatório, até que, após meses de frustrações, viram que uma solução com 0,25% de ácido fórmico resolvia o problema. Mariana fez muito: verificou que o P-Mapa ativava um conjunto de proteínas do chamado sistema complemento, gerando moléculas importantes para o recrutamento de neutrófilos, um tipo de célula de defesa do organismo; examinou a ação isolada de um dos componentes da molécula, o ácido linoleico; e reavaliou a dose letal capaz de matar metade dos animais inoculados, a chamada DL50: o valor encontrado foi de 736 miligramas por quilograma, quase 150 vezes maior que a dosagem terapêutica.[97] Ela expôs com segurança os resultados de seu trabalho na manhã de 15 de maio de 2014 em um auditório do Instituto de Ciências Biomédicas da USP, e uma das examinadoras elogiou a "tese inovadora, ousada e corajosa", como ela definiu, e a decisão de trabalhar com um composto pouco estudado, já que pesquisadores acadêmicos em geral trabalhavam apenas com substâncias já bastante conhecidas.

* * *

Intrigado com o que ouvia sobre o P-Mapa, Roger Chammas recebeu Wagner Fávaro e Iseu Nunes no final da manhã de 4 de julho de 2012 em sua sala na Faculdade de Medicina da USP. Conversaram durante três horas e Roger Chammas abriu seu laboratório no Instituto do Câncer do Estado de São Paulo (Icesp) para estudos que detalhassem as propriedades dessa substância e reforçassem os argumentos rumo aos testes clínicos que poderiam permitir seu uso amplo. Para ver se a substância funcionaria também por outros mecanismos além da ativação dos receptores do tipo *toll*, ele encomendou camundongos geneticamente selecionados, cujas células não produziam o *toll* 4. A cada duas semanas, Wagner ia a São Paulo para induzir câncer de bexiga nos animais, divididos em quatro grupos: o primeiro foi tratado apenas com P-Mapa; o segundo, com P-Mapa e flutamida, antitumoral usado para tratar câncer de próstata; o terceiro, apenas com flutamida; e o quarto não recebeu nada. Em julho de 2013, ao abrir os animais e comparar a ação dos medicamentos, Wagner e os outros pesquisadores observaram lesões neoplásicas nos rins e na bexiga dos animais tratados apenas com flutamida e nos que não haviam recebido nenhuma medicação. Os tratados com P-Mapa e flutamida ou apenas com P-Mapa não apresentavam lesões, sugerindo que a substância que estavam avaliando poderia agir por outros mecanismos, sozinha ou com flutamida. As análises macro e microscópicas evidenciavam que o P-Mapa poderia deter o câncer de bexiga mesmo sem ativar os receptores de superfície do tipo *toll*, provavelmente por agir sobre as moléculas com as quais os receptores *toll* se ligavam.

Em busca de uma visão integrada das várias linhas de pesquisa, em dezembro de 2012 Iseu reuniu toda a equipe em sua casa, e durante duas horas debateram os resultados do trabalho de cada um. Os estudos feitos até aquele momento, somados aos efeitos observados em camundongos, cães, coelhos e pessoas, indicavam que o P-Mapa parecia capaz de agir de quatro modos independentes e complementares.

O primeiro modo era a ativação das defesas do organismo por meio da ligação com os *toll-like receptors*. Desse modo, como esses receptores reconhecem tumores e microrganismos e ativam outras moléculas, intensifica-se a produção de anticorpos e células de defesa, que procuram eliminar os agentes causadores de doenças. Via-se que havia uma ampliação ou, em alguns casos, redução de processos inflamatórios, já que o crescimento de tumores está associado a um bloqueio da ação das células ligadas à inflamação. De acordo com os experimentos realizados na Faculdade de Medicina da USP em 2012, o P-Mapa parecia capaz de reativar a inflamação ou "desbloquear o bloqueio", como Iseu dizia, restabelecendo o combate às células tumorais.

O segundo modo de ação era o aumento da produção de enzimas antioxidantes e a consequente redução do excesso de resíduos metabólicos, o chamado estresse oxidativo. Fábio Seiva, da equipe de Campinas, contou que estava avaliando a variação dos níveis das chamadas enzimas antioxidantes, que eliminam resíduos prejudiciais ao organismo, em tecidos de ratas com câncer de bexiga induzido e tratadas com BCG ou P-Mapa. Uma semana depois ele verificou um aumento na produção de enzimas antioxidantes em ratas tratadas com P-Mapa, normalizando o pH das células e do espaço intercelular. Ao neutralizar o pH, o P-Mapa poderia desfazer o ambiente favorável ao crescimento de células tumorais e microrganismos. Outros estudos haviam indicado que a regulação do pH no interior das células e no espaço intercelular poderia ser uma forma de limitar a proliferação de tumores.[98]

O terceiro modo de ação indicava que a substância poderia desfazer a lesão cancerosa, favorecendo a reorganização e cicatrização dos tecidos antes ocupados pelas células tumorais e impedindo a volta do câncer. Talvez a molécula pudesse fornecer matéria-prima como fosfato, lipídios e aminoácidos para a reconstituição celular. Esses elementos, após reativarem as defesas contra tumores e microrganismos, poderiam reanimar as células exauridas pelas batalhas contra os tumores ou microrganismos. Essa possibilidade explicaria o ganho de peso do galo perneta, dos cães, das coelhas e das pessoas que receberam o SB-73 ou o P-Mapa.

O quarto modo de ação, evidenciado por experimentos concluídos em fevereiro de 2013, era a capacidade de cortar a irrigação sanguínea e a nutrição dos tumores, o chamado efeito antiangiogênico. O plano de Odilon da Silva Nunes de "matar o tumor de fome", como ele dizia, tinha sentido. Várias pessoas disseram ter visto os tumores dos camundongos tratados por ele secarem e se soltarem do corpo dos animais, como possível efeito da falta de nutrientes transportados pelo sangue.

Já havia indicações de que essa molécula era multifuncional como um canivete suíço, ora ativando a produção de anticorpos, ora a de células de defesa, ora os dois mecanismos. Seu modo de ação parecia variar de acordo com a doença. Como uma molécula mágica, o P-Mapa atraía, surpreendia, revelava e transformava as pessoas. Wagner Fávaro estava em sua casa em um sábado à tarde quando um ex-aluno ligou para contar que um médico do Icesp tinha acabado de falar muito bem do trabalho da equipe de Campinas e do P-Mapa em um congresso que estava sendo realizado em Campos do Jordão, interior paulista.

O trabalho andava com rapidez, agora com a ajuda financeira contínua das agências de apoio à ciência no Brasil, mas persistia o abismo entre representantes de governo, empresas e universidades. Mesmo assim, os pesquisadores não tinham perdido a esperança de fazer os ensaios clínicos no Brasil. Já tinham os argumentos científicos, uma das exigências, mas ainda faltavam a articulação entre os grupos interessados e o financiamento indispensável para a realização dos testes. Em vista das incertezas, queriam com urgência terminar e enviar a documentação para o pedido de registro do P-Mapa como *orphan drug* nos Estados Unidos. Se concedido, o *status* de *orphan drug* poderia atrair grupos de pacientes ou de empresas para viabilizar as avaliações finais antes do pedido de liberação para uso. Previa-se que, se tudo corresse bem, em dois ou três anos, com os parceiros adequados, seria possível fazer os testes, registrar o medicamento nos Estados Unidos e depois ingressar nos órgãos brasileiros equivalentes.

Por que o Brasil não faz? A pergunta se impõe sem uma resposta clara. Por causa da inércia das autoridades públicas? Da burocracia? Da desarticulação entre os interessados? Do distanciamento dos cientistas dos problemas sociais? Em 1999 ouvi este comentário de Francisco Romeu Landi, engenheiro, professor da USP e diretor-presidente da agência paulista de apoio à ciência, que, apesar da generalização, pode ajudar a pensar nos papéis dos cientistas e das instituições: "Falta cidadania ao pesquisador brasileiro".

Cientistas e médicos que conheciam o P-Mapa desejavam avidamente fazer os testes finais e pedir a liberação oficial para seu uso amplo porque sabiam que essa substância já tinha mostrado que poderia ser muito útil. Os números são incertos, já que a maioria dos registros médicos se perdeu, mas centenas – talvez milhares – de pessoas tiveram acesso a essa medicação, sempre em condições excepcionais.

"Acompanhei, em 1970, a cura de câncer de lábio e de câncer de esôfago com remissão total dos tumores", atestou Nelson Cruz, referindo-se aos primeiros casos tratados na Santa Casa de Birigui, em uma declaração anexada a um dos processos judiciais da década de 1990. "Participei e acompanhei remissão de câncer de fígado e de pâncreas", ele acrescentou.

Alguns pedidos, de familiares ou pessoas mais próximas, eram irrecusáveis. Um dia, Ari Navas, amigo de Iseu dos tempos de garimpo, anos após terem se separado, apareceu em Birigui: estava com câncer na garganta. Iseu e Odilon lhe deram vários frascos de SB-73 e ele tomou a medicação por cerca de dois meses. O câncer, um carcinoma epidemidermoide grau 2, regrediu. Ari morreu de infarto seis anos depois.

Uma moradora de Birigui se tratou em São Paulo de um câncer no seio em 1992, mas a radioterapia prejudicou os pulmões e causou uma pneumonia. Ela relatou: "Comecei a fazer as químios, fiz três, quase morri. Eu estava arrasada, 'hoje não amanheço... hoje não anoiteço'. Veio a depressão. Só melhorei quando comecei a ver os que se salvaram". Cinco dias depois de começar as aplicações diárias de SB-73 "já estava outra pessoa", ela observou. "Aquilo me dava uma resistência! E outra coisa, esse remédio cura herpes. O herpes começou no seio e foi até o meio das costas. Herpes queima, ele arde, ele dói, ele morde. Um ano tratando. Fui melhorando e sarei", disse ela, 20 anos depois.

A escassez de medicamentos contra Aids e o senso de urgência de Silvia Bellucci fundamentaram o uso do SB-73 em cerca de 100 pessoas com HIV/Aids no Centro Corsini no início da década de 1990. Em 1994, outras 3 mil pessoas estariam se tratando contra câncer com o SB-73 em Birigui, de acordo com a liminar judicial que permitiu a Odilon Nunes continuar indicando sua medicação a seus pacientes. Nessa época, por meio de Odilon, outros médicos receitavam e aplicavam o SB-73. Em uma declaração anexada a um dos processos judiciais, o oncologista Delmas Roldão Robert Pires relatou: "Especialmente nas neoplasias de tubo digestivo e, em particular, no adenocarcinoma gástrico, testemunhamos resultados promissores com desaparecimento de lesões previamente biopsiadas e que persistem em remissão há mais de um ano".

Em outro depoimento, também de 1994, uma médica de São José do Rio Preto declarou: "Tenho usado a vacina SB-73 para os casos de condiloma vulvovaginal recidivante pós-tratamentos convencionais e casos de alterações coilocitóticas na colpocitologia oncótica e presença de HPV. Até o momento, dez pacientes desse tipo fizeram uso da vacina e o êxito foi de 100%". Foi ela quem contou sobre o medicamento a José Abdo Neto, ex-colega de Odilon na Santa Casa de Birigui. No início da noite de 3 de fevereiro de 2012, Abdo Neto, aos 65 anos, puxou de seu arquivo a ficha da única paciente que ele indicou para Odilon: uma mulher com candidíase resistente a tratamentos habituais. Um dos argumentos que ele apresentou foi que seu sócio, um médico, tinha se tratado de um câncer de pulmão com o SB-73 em 1999 e faleceu cinco anos depois e não em seis meses como previsto. A medicação fez a candidíase reaparecer uma vez por ano e não mais a cada três meses como antes. "Logo depois Odilon faleceu", disse Abdo Neto.

A liminar judicial autorizando o uso da medicação perdeu validade em 2001, quando Odilon morreu. Desde então, seu uso permanecia restrito a estudos científicos. Iseu Nunes, como responsável pelo trabalho iniciado pelo pai, não se cansava de dizer nãos incondicionais a quem pedia o medicamento. Sua recusa se fundamentava em dois fatos. O primeiro é que ele era advogado e não médico, portanto não poderia receitar qualquer medicamento. O segundo é que o fármaco era ainda experimental, não havia passado pelos testes clínicos finais e seu uso amplo ainda não havia sido aprovado. Depois de uma jornada terrivelmente longa, o drama de Odilon da Silva Nunes persistia: como fazer essa medicação chegar às pessoas? A história que ele começou mostra que a força do indivíduo é essencial, mas, para que não seja apenas um sonho, exige a ação encadeada de muitos atores, além dos próprios cientistas.

Agradecimentos

Este livro não teria sido possível sem a orientação, os comentários e as correções de muitas pessoas. Regina Maura Maschio Fioravanti me ajudou a escrever minha primeira reportagem sobre o SB-73 em 1991 e 22 anos depois leu os originais deste livro, como minha primeira editora, sugerindo fantásticas melhorias. Em 2010 Rogério Ruschel me motivou a exercitar meu olhar de repórter e a escrever esta história. Eduardo Cesar, Andrea Gunneng, Maria Alice Maschio de Godoy, Rodrigo de Oliveira Andrade e Cesar Maschio Fioravanti leram alguns ou vários capítulos, fizeram sugestões preciosas e amenizaram minhas incertezas. Willian Magalhães Alcântara ofereceu ótimas ideias em conversas muito agradáveis.

Sou grato a todos os entrevistados – com alguns conversei para as reportagens ou trabalhos acadêmicos que antecederam este livro –, apresentados a seguir por ordem alfabética de sobrenome: José Abdo Neto, Derlene Attili de Angelis, Letícia Montanholi Apolinário, Sidney Arcifa (*in memoriam*), Fabiano Ardigó, Neder de Oliveira Astolfi, Metry Bacila (*in memoriam*), Ulf Gregor Baranow, Silvia Brandão Bertazolli Bellucci (*in memoriam*), Alba Regina Monteiro Souza Brito, Nelson Eduardo Duran Caballero, Nilza Mary Giaretti Canassa, Helena Carvalhosa, Roger Chammas, Denise Balduíno Ciampi, Érica Piovam de Ulhôa Cintra, Jorge Luiz Coelho, Maria Correia, Fábio Maranhão Trindade Costa, Nelson José Gonçalves da Cruz, David Heiz Erlich, Elisa Esposito, Wagner José Fávaro, Ápio Fogolin, Josette Muniz Machado Fogolin, Nicolau Galhego Garcia Filho, Patrick Vianna Garcia, Wilson Galhego Garcia, Mariana Torrente Gonçalves, Alexandre Grangeiro, Ermínia Menegatti Silva Hernandes, Giselle Zenker Justo, Cláudia Misue Kanno, Bento Lopes, Luiz Loures, Maria Elizabeth Lunardi, Alda Maria Macedo,

Maria Salomé Rodrigues de Macedo, Celso Martinelli, Adriana de Melo, Sérgio Ribeiro Lemos de Melo, Otávio Modesto, Flávio Fava de Moraes, Theresa Alberto do Nascimento, Accacio da Silva Nunes Filho, Cecília Maria da Silva Nunes, Flavio Gonzales da Silva Nunes, Hortência Gonzales da Silva Nunes (*in memoriam*), Iseu da Silva Nunes, Jazely Gonzales da Silva Nunes, Maria Cláudia Falaschi Nunes, Maria Elizabeth Silva Nunes, Mônica da Silva Nunes, Odilon da Silva Nunes (*in memoriam*), Ortência Leocádia Gonzales da Silva Nunes, Valéria da Silva Nunes, José Américo de Oliveira, Vera Silvia Facciolla Paiva, Silmara da Silva Nunes Penteado, Clarice Soares Pereira, Wilson Pereira, Wilson Pereira Jr., José Domingos Rambaldi, Celso Ferreira Ramos Filho, Fauze de Toledo Ribas, Osvaldo Augusto Esteves Brazil Sant'Anna, Maria Emília Bodini Santiago, Gilberto Schwartsmann, Célio Lopes Silva, Ennio Peres da Silva, Emerson Sumariva Jr., Denise Vilarinho Tambourgi, Paulo Roberto Teixeira, Humberto Torloni, José Marcelo Tramarin e Antonio Carlos Zani.

Os bibliotecários André Serradas e Valter Rodrigues da Silva, as equipes da Faculdade de Medicina da Universidade Federal do Paraná, do Centro de Documentação do Instituto Biológico, do Museu Histórico da Faculdade de Medicina da Universidade de São Paulo (USP), do Museu Histórico do Instituto Butantan, da Liga Paranaense Contra o Câncer e das bibliotecas das faculdades de Medicina, de Saúde Pública e de Medicina Veterinária e Zootecnia da USP, Iseu Nunes, Fabiano Ardigó, Neder de Oliveira Astolfi e Lívia Maschio Fioravanti me ajudaram a encontrar documentos importantes. José Américo de Oliveira, Celso Martinelli e Wagner José Fávaro compartilharam imagens históricas de muito valor.

Ao longo da edição, a orientação de Maria da Graça Mascarenhas e de Hélio de Almeida foi fundamental para assegurar a qualidade deste livro.

Pessoas que participaram da pesquisa sobre o P-Mapa com o próprio trabalho e não foram mencionadas nos estudos publicados até janeiro de 2016, por ordem alfabética de sobrenome:

Derlene Attili de Angelis, Márcia Aparecida Antônio, Sidney Arcifa (*in memoriam*) e a equipe do PrevLab, Marcos Fávero Florence de Barros (*in memoriam*), Alba Regina Monteiro Souza Brito, Renata Callestini, Nilton Cavalari, Denise Balduíno Ciampi, Mirtes Costa, Nelson José Gonçalves da Cruz, Suzana da Cunha, Elisa Esposito, Ápio Fogolin, Irmã Germana (*in memoriam*), Carmen Gimaiel, Elias Gimaiel, Sebastião Hetem, Carlos Ibanhez (*in memoriam*), Eduardo Ibanhez (*in memoriam*), Heitor Ibanhez (*in memoriam*), Luiz Fernando Ibanhez, José Ari Gualberto Junqueira, Cláudia Misue Kanno, Bento Lopes, Amadeu Lott (*in memoriam*), Quinha Lott (*in memoriam*), Alda Maria Macedo, Francisco Maroni, Celso Martinelli, Murilo Nunes Mazetto (*in memoriam*), Ronaldo Maia Melhado, Sérgio Ribeiro Lemos de Melo, José Carlos Mendonça (*in memoriam*), Cecília Ibanhez da Silva Nunes (*in memoriam*), Cecília Maria da Silva Nunes, Hélio da Silva Nunes (*in memoriam*), Iseu da Silva Nunes, Leocádia Gonzales da Silva Nunes (*in memoriam*), Maria Cláudia Falaschi Nunes, Mérces da Silva Nunes, Nelson da Silva Nunes (*in memoriam*), Odilon da Silva Nunes (*in memoriam*), Tânia da Silva Nunes, José Américo de Oliveira, José Roberto Chichi de Oliveira, Edgard Leite Penteado Neto, Silmara da Silva Nunes Penteado, Francisca Pires Santana (*in memoriam*), Ana Maria Pires Soubhia, Fauze Ribas de Toledo e José Marcelo Tramarin. Iseu e Silmara da Silva Nunes reconhecem o apoio moral e o incentivo de centenas de pessoas de Birigui e de outras cidades ao trabalho de Odilon da Silva Nunes ao longo dos muitos anos.

Centros de pesquisa, institutos, universidades,
organizações não governamentais e empresas que
participaram da pesquisa sobre o P-Mapa:

Universidade Federal do Paraná (UFP) e Instituto de Biologia e Pesquisas Tecnológicas (IBPT, atual Tecpar), em Curitiba;

Laboratório Particular de Odilon da Silva Nunes, Santa Casa de Misericórdia, Birigui Óleo-Biol, Liga Feminina de Combate ao Câncer, Centro de Desenvolvimento de Compostos com Atividade Biológica (Cedecab) e Laboratório Bio Análise Birigui, em Birigui;

Universidade Estadual Paulista (Unesp) de Araçatuba e Botucatu;

Universidade Estadual de Campinas (Unicamp), Centro Corsini, PrevLab Laboratório Clínico e Farmabrasilis, em Campinas;

Centro de Pesquisas da Rhodia, em Paulínia;

Centro de Pesquisas do Hospital A.C. Camargo (atual A.C. Camargo Cancer Center), Instituto de Infectologia Emílio Ribas, Instituto Butantan, Faculdade de Medicina e Instituto de Ciências Biomédicas da Universidade de São Paulo (USP) e Instituto do Câncer do Estado de São Paulo (Icesp), em São Paulo;

Instituto Nacional do Câncer (NCI), New York Blood Center, Universidade de Utah, Universidade do Colorado, Instituto Nacional de Alergia e Doenças Infecciosas (NIAID), nos Estados Unidos;

Colégio Domus, em Pindamonhangaba.

Empresas, organizações não governamentais e instituições
acadêmicas nacionais ou internacionais que financiaram estudos
sobre o P-Mapa:

Cedecab, Colégio Domus, Coordenação de Aperfeiçoamento de Pessoal de Nível Superior (Capes), Conselho Nacional de Desenvolvimento

Científico e Tecnológico (CNPq), Farmabrasilis e Fundação de Amparo à Pesquisa do Estado de São Paulo (Fapesp), Brasil;

NIAID e Fundação Nacional de Ciência (NSF), Estados Unidos;

Reuters Institute for the Study of Journalism (RISJ) da Universidade de Oxford, Inglaterra.

Publicações científicas

Os artigos científicos sobre o P-Mapa podem ser encontrados na base de artigos PubMed (www.pubmed.gov) ou na aba Publicações e Monografias do site da Farmabrasilis (www.farmabrasilis.org.br).

Notas

Momentos de glória entre batalhas contínuas

1 FÁVARO, Wagner J. *et al.* Effects of P-Mapa immunomodulator on toll-like receptors and p53: Potential therapeutic strategies for infectious diseases and cancer. Infectious Agent and Cancer, v. 7, n. 1, p. 14, 2012.

2 HARGREAVES, Dagoberto. Médico biriguiense descobre antibiótico contra câncer. Diário de Birigui, 25 jul. 1979, p. 3.

3 Em 2000, Robert Weinberg e Douglas Hanahan enumeraram os seis mecanismos ou alterações comuns à maioria das (ou talvez todas) formas de câncer humano: 1) autossuficiência na produção de estímulos (ou sinais) de crescimento, resultando na autonomia para proliferar; 2) insensibilidade aos estímulos capazes de deter seu crescimento e proliferação; 3) capacidade de escapar da morte celular programada (apoptose); 4) capacidade ilimitada de se dividir; 5) capacidade de criar capilares que tragam sangue com nutrientes (angiogênese); 6) capacidade de migrar para outros órgãos e invadir outros tecidos. De acordo com os estudos feitos até 2015, o P-Mapa mostrava-se apto a estimular o mecanismos 3 (apoptose) e inibir o 4 (reprodutibilidade), 5 (angiogênese), 6 (invasão e metástase) e possivelmente 1 (sinais de crescimento, considerando a capacidade de controlar hormônios, que podem favorecer o crescimento das células tumorais). HANAHAN, Douglas e WEINBERG, Robert A. The hallmarks of cancer cell. Cell, v. 100, p. 57-70, 2000. MUKHERJEE, Siddartha. Imperador de todos os males – Uma biografia do câncer. São Paulo: Companhia das Letras, 2012, p. 456-7. FÁVARO *et al.* Op. cit. MELO, Adriana de *et al.* Stimulation of myelopoiesis in *Listeria monocytogenes*-infected mice by an aggregated polymer isolated from *Aspergillus oryzae*. Human and Experimental Toxicology, v. 20, n. 1, p. 38-45, 2001.

O início de uma longa amizade com os fungos

4   Arno Pearse, secretário-geral de uma associação de produtores de algodão da Inglaterra, usou a expressão *multidão cosmopolita* ao ver a fervilhante convivência entre brasileiros e imigrantes italianos, japoneses, espanhóis, portugueses, alemães, austríacos e poloneses no noroeste paulista. Ao percorrer a região em 1921 em busca de terras para o cultivo de algodão, Pearse se impressionou com o êxito do projeto de colonização, que inspirou uma experiência similar no norte do Paraná, resultando na formação de Londrina e de municípios próximos a partir de 1929. SCHWARTZ, Widson. Pérolas – claras e obscuras – da história de Londrina. In: BONI, Paulo C. (org.). Certidões de nascimento da história: o surgimento de municípios no eixo Londrina-Maringá. Londrina: Planográfica, 2009, p. 230.

5   Sobre a formação de Birigui, ver: CUNHA, Nair M. da. A chave de Birigüy – Nicolau da Silva Nunes, saga de um pioneiro. Birigui, 1997, 140 p. RAMOS, Dorival S. e MARTINS, Orentino. A cidade-pérola em capítulos: História de Birigüi, 1911-1961. Birigui, 1961, 270 p. DAWSEY Jr., Cyrus B. Não posso deixar de falar. Birigui, 1999, 112 p.

6   Tesouro da Juventude, São Paulo: W.M. Jackson, 1958. v. 8, p. 222, Receita de construção do filtro.

7   Em 1871, o médico inglês John Scott Burdon-Sanderson relatou que o *Penicillium* inibia o crescimento de bactérias e o cirurgião Joseph Lister observou que as bactérias não cresciam em amostras de urina contaminadas com bolor. Em um hospital de Londres, Lister usou o caldo de *Penicillium glaucum* para tratar uma enfermeira cujos ferimentos não respondiam a nenhum antisséptico.

8   Como ponto de partida, a diferença é grande: um composto puro pode garantir a reprodução e a confiabilidade dos resultados dos experimentos, uma vez que a substância testada não tem impurezas que poderiam mascarar os resultados ou levar a efeitos farmacológicos indesejados. Um extrato, por outro lado, poderia agir em consequência

de apenas um componente, como felizmente aconteceu com a penicilina, ou de muitos componentes agindo em conjunto.

Um estudante criativo em Curitiba

9   COSTA, Iseu A. e LIMA, Eduardo C. O ensino de medicina na Universidade Federal do Paraná. Curitiba: Editora UFPR, 2007, 362 p. CINTRA, Erica P. de U. 'Sciencia et Labor' no Palácio de Luz: A institucionalização da ciência médica e a Faculdade de Medicina do Paraná (1912-1946). Tese (Doutorado) UFPR, 2010.

10 Sobre o IBPT e Reinhard Maack e outros pesquisadores dessa época em Curitiba, ver: ARDIGÓ, Fabiano. Histórias de uma ciência regional – Cientistas e suas instituições no Paraná (1940-1960). São Paulo: Contexto, 2011, 368 p.

11 BACILA, Metry. Brazilian Archives of Biology and Technology. A trajetória de "Arquivos de Biologia e Tecnologia", publicação que marcou época na história da ciência brasileira. Dezembro 2001, Jubilee Volume (1946-2001): p. 1-11. COSTA e LIMA, Op. cit., p. 85-8.

12 Ao filiar-se à SBPC, Odilon deu como endereço a rua Paula Gomes, 224. Ele morou também na rua Presidente Faria, 563, e na alameda Cabral, 289, geralmente sozinho, em quartos de casas de família alugados para estudantes. Seu registro de filiação à SBPC é provavelmente a única evidência de sua atividade científica em Curitiba. Ciência e Cultura, v. 1, n. 3, 1949, p. 162.

13 Embora possa ter tirado 10 em uma das provas de histologia, no primeiro ano, sua nota final foi 7. Informações dos arquivos da Coordenação do Curso de Medicina da UFPR.

14 TRAMUJAS, Armando de C. Aspectos estatísticos da mortalidade por câncer em Curitiba. Revista Brasileira de Cancerologia, v. 2, n. 3, p. 69-77, 1948.

A teoria iônica da origem do câncer

15 Agradeço a Iseu Nunes a indicação de que esses documentos deveriam estar em um cartório de Birigui, como seu pai havia comentado com ele um dia.

16 Boveri concluiu que o tamanho de uma célula guardaria uma relação constante com a massa de seu núcleo, que aumentaria durante a divisão celular, mas depois voltaria à estabilidade. Após examinar a divisão celular de organismos marinhos (equinodermas), ele sugeriu que a divisão celular seria controlada por um mecanismo inibitório, a não ser quando esse mecanismo fosse desbloqueado por algum estímulo especial, e se pôs a especular, em 1902, sobre a origem das células tumorais, que resultariam da combinação errada de cromossomos durante a divisão celular. Em um livro publicado em 1914, Boveri afirmava que as células tumorais se originavam de defeitos das células normais e que esses defeitos seriam irreparáveis. MANCHESTER, Keith L. Theodor Boveri and the origin of malignant tumours. Trends in Cell Biology, v. 5, n. 10, p. 384-7, 1995.

17 A glicólise dos tumores ganhou o nome de efeito Warburg e permanece como uma característica marcante da maioria das células tumorais. A explicação de sua origem como um dano à cadeia respiratória se mostrou errada, mas Warburg nunca aceitou que poderia ter se equivocado e chamava de inimigos a quem o criticava, culpando-os por retardarem a cura do câncer. Ele acreditava apenas nas próprias conclusões, rejeitava a possibilidade de genes ou vírus poderem causar câncer, mas acreditava exageradamente na capacidade de os alimentos produzirem câncer. Por essa razão, com a ajuda de um amigo, ele próprio cultivava seus próprios vegetais e frutas, criava suas galinhas e fazia seu pão e manteiga. Warburg, mesmo sendo judeu, pôde permanecer em Berlim durante a Segunda Guerra. Hitler o poupou da perseguição que matou milhões de judeus porque tinha medo de ter câncer – sua mãe teve câncer e o médico judeu que a tratou também foi poupado. MANCHESTER, Keith L. The quest by three

giants of science for an understanding of cancer. Endeavour, v. 21, n. 2, p. 72-6, 1997. NICKELSEN, Karin. The construction of a scientific model: Otto Warburg and the building block strategy. Studies in History and Philosophy of Biological and Biomedical Sciences, v. 40, p. 73-86, 2009. WARBURG, Otto. On the origin of cancer cells. Science, v. 123, n. 3191, p. 309-14, 1956.

18 Na última página, em letra manuscrita, ele anotou: "O íon de carga oposta reduz a carga elétrica abaixo de um valor crítico (quando a diferença de potencial entre a partícula e o meio [ilegível] valor abaixo do valor crítico de 15 milivolts". Era a primeira vez que o valor crítico, a partir do qual a célula começaria a se dividir, é especificado, embora ele não conte como o obteve.

19 Outros pesquisadores viram o contrário. Nos Estados Unidos, Robert Gatenby apresentou em 1995 sua hipótese de que a intensificação da síntese de glicose em células tumorais poderia gerar acidez – e, por causa do excesso de íons hidrogênio (H^+), os tumores se tornariam eletricamente positivos. A acidez poderia modificar o equilíbrio bioquímico do tumor, selecionar as células tumorais, deixando apenas as mais resistentes, eliminar as células sadias próximas e permitir às células tumorais migrarem para outras regiões do organismo. Com base nesse raciocínio, Gatenby empregou bicarbonato de sódio para reduzir a acidez e evitar que o tumor originasse metástases em camundongos. Os animais que tomaram uma solução com bicarbonato apresentaram metástases em menor quantidade e tamanho no pulmão, no intestino e no diafragma, em comparação com os que se alimentaram com alimentos ácidos ou que não tomaram nada. ROBEY, Ian F. et al. Bicarbonate increases tumor pH and inhibits spontaneous metastases. Cancer Research, v. 69, n. 6, p. 2260-8, 2009.

20 O título deste segundo documento está agora no singular, "Ensaio teórico sobre a patogenia das neoplasias – Desequilíbrio eletro-químico micelar (na inter-relação nucleoplásmica)". As referências a outros autores desapareceram e o início é mais objetivo: "A célula normal

deve guardar uma relação equitativa constante de massa e igualdade de cargas entre o núcleo e o citoplasma e um potencial crítico criado com as micelas e o meio que as circunda. Com a entrada de íons ou retirada de certa quantidade de elétrons, eleva-se ou abaixa-se o ponto isoelétrico da relação, resultando o desequilíbrio iônico intra-celular e haverá floculação quando a diferença de potencial entre as micelas e o meio atinja valor abaixo do valor crítico (X milivolts)". Na página seguinte ele mencionava o movimento browniano, "que caracteriza o estado coloidal". Cessado o movimento browniano, ele escreveu, "haverá floculação e consequente morte celular". Este conceito do segundo documento não consta da versão datilografada: a divisão celular "será tanto mais intensa e atípica quanto maior for a desproporção entre a massa cromática e citoplásmica"; cromatina ou massa cromática é o conjunto formado pelas moléculas de DNA e de proteínas chamadas histonas. Os três documentos estão registrados no Cartório Oficial de Registro, Títulos e Documentos e Civil das Pessoas Jurídicas da Comarca de Birigui – SP: 1) três páginas datilografadas, registrado com o número 1.393 em 30.10.1979; 2) oito páginas manuscritas, com data de 9.4.48, registrado com o número 13.893 em 24.4.1995; 3) seis páginas manuscritas, registrado com o número 13.894 em 24.4.1995.

21 Uma forma mais sintética da fórmula seria: $Eqm_{CN} = N^n/C^n$. A equivalência de massa de uma célula normal corresponderia à razão entre a somatória das cargas elétricas positivas e negativas do núcleo e do citoplasma; o resultado seria medido em miliVolts, indicando a diferença de potencial elétrico entre o núcleo celular e o citoplasma.

22 WARREN, Shields. Carcinogenesis by radiation. Cancer Research, v. 17, n. 1, p. 1, 1957. RUSH, Harold P. Carcinogenesis: A facet of living processes. Cancer Research, v. 14, n. 6, p. 407-17, 1954.

23 Algumas causas – ou indicações de causas – eram bem antigas. O médico inglês *Sir* Percival Pott observou, em 1775, que um tipo de câncer de pele era mais comum entre os limpadores de chaminés, mas por 150 anos ninguém fez nada com essa observação. A Revolução Indus-

trial aumentou a exposição dos trabalhadores a produtos cancerígenos como o alcatrão e piorou a situação. No início do século XX, já se sabia que algumas substâncias químicas causavam câncer, mas as moléculas isoladas que pudessem ter esse efeito não tinham sido identificadas. BRANCH, Arnold. Factors in carcinogenesis. The Canadian Medical Association Journal, v. 41, n. 6, p. 589-90, 1939. WARREN, Shields. Radiation carcinogenesis. Bulletin of the New York Academy of Medicine, v. 46, n. 3, p. 131-47, 1970.

24 LOEB, Lawrence A. e HARRIS, Curtis C. Advances in chemical carcinogenesis: a historical review and prospective. Cancer Research, v. 68, n. 17, p. 6863-72, 2008.

25 JAFFE, Lionel F. e NUCCITELLI, Richard. Electricalcontrols of development. Annual Review of Biophysics and Bioengineering, v. 6, p. 445-76, 1977. O'REGAN, Sean *et al*. Electrolyte and acid-base disturbances in the management of leukemia. Blood, v. 49, p. 345-53, 1977.

26 McCAIG, Colin *et al*. Electrical dimensions in cell science. Journal of Cell Science, v. 122, p. 4267-76, 2009.

27 CUZICK, Jack *et al*. Electropotential measurements as a new diagnostic modality for breast cancer. The Lancet, v. 352, n. 9125, p. 359-63, 1998. SUBBHURAAM, Vinitha S. *et al*. The use of skin surface electropotentials for breast cancer detection – Preliminary clinical trial results obtained using the biofield diagnostic system. Journal of Medical Systems, v. 35, p. 79-86, 2011.

O aprendiz rebelde

28 Neder Astolfi se lembrou do prédio porque foi monitor de fisiologia e ia ao laboratório com frequência para preparar os animais que seriam usados nas aulas práticas.

29 Os estudos de Medina e sua equipe sobre leishmaniose em modelos animais, fungos e efeitos de raio X em gatos foram publicados de 1946 a 1951 na revista *Arquivos de Biologia e Tecnologia*, publicada pelo IBPT.

30 Sua inspiração pode ter sido o trabalho de Katsusaburo Yamagiwa e Koichi Ichikawa, dois pesquisadores japoneses que induziram a formação de tumores pintando repetidamente com alcatrão a pele da orelha de coelhos, uma técnica que consome muito tempo e paciência – e por muito tempo foi a única. Só 15 anos depois do experimento dos dois japoneses é que o benzoantraceno foi identificado como o princípio ativo do alcatrão capaz de induzir câncer. YAMAGIWA, Katsusaburo e ICHIKAWA, Koichi. Experimental study of the pathogenesis of carcinoma. Cancer Research, v. 3, n. 1, p. 1-21, 1918. WEINSTEIN, Op. cit. BRANCH, Op. cit.

31 Em 1978, o governador Jayme Canet Jr. criou o Instituto de Tecnologia do Paraná (Tecpar), que assumiu a produção de vacinas para uso humano e veterinário e herdou as instalações, equipamentos, equipes e documentos do IBPT, extinto no ano seguinte.

Muitas novidades em Birigui

32 De acordo com os registros, Odilon Nunes atendeu uma criança de dois anos em 17 de dezembro de 1972, em 22 de março de 1980 estava na obstetrícia, em 26 de setembro de 1980 na clínica médica, em 8 de setembro de 1981 fez um parto. Outros livros antigos, mantidos em um dos armários da sala de Nilza Canassa, informavam que ele atendeu 413 pessoas em 1977, não muito longe da média de 500 atendimentos por médico em 2012. Em 1979 ele atendeu 297 pacientes, a maioria (168) do Inamps, 73 por meio do Funrural, que pagava as internações, 40 particulares e nove gratuitos; em 1988 apenas dois (um particular e um do Inamps); em 1989 nenhum; e em 1990 apenas um.

E o fungo reaparece

33 BEEVOR, Antony. Dia D – A batalha pela Normandia. São Paulo: Record, 2009, p. 412.

Três anos, errando todo dia

34 Ao reagir com água, os ácidos formam compostos químicos com excesso de cargas elétricas positivas, combinando com sua hipótese de trabalho.

Na Santa Casa

35 Na entrevista de 1993, Odilon Nunes afirmou que o primeiro teste do extrato de fungo em uma pessoa teria sido realizado em 1964 ou 1965, mas provavelmente foi mais tarde, porque Nelson Cruz, que o acompanhou, começou a trabalhar na Santa Casa em 1968. O ano de 1970, ainda que não seja exato, é o que consta em um documento sobre esse teste, assinado por Nelson, que Odilon usou como parte da argumentação para obter uma autorização judicial para continuar usando seu composto em meados da década de 1990. A idade da mulher, 93 anos, foi informada por Odilon na entrevista de 1993 e também pode ser imprecisa.

36 Uma foto dos lábios da mulher após o tratamento foi publicada na primeira reportagem sobre o trabalho de Odilon em 1979 no *Diário de Birigui*. A reportagem registra como 1964 o início dos testes na Santa Casa. HARGREAVES, Op. cit.

Esperança e outros cães

37 MENDES, Antonio C. Em Birigui, 'doença está controlada'. O Estado de São Paulo, 23 out. 1980, p. 24.

38 Anunciada descoberta de novo tipo de antibiótico. O Estado de São Paulo, 3 dez. 1980, p. 14.

Uma conversa na escada

39 HARGREAVES, Dagoberto. SB-73, a esperança dos aidéticos. Diário de Birigui, 25 jun. 1991, p. 1. HARGREAVES, D. Médico biriguiense descobre antibiótico contra câncer. Diário de Birigui, 25 jul. 1979, p. 3.

40 NUNES, Odilon da S. Desenvolvimento de um novo antibiótico. In: Reunião Anual da Sociedade Brasileira para o Progresso da Ciência, 37, 1985, Belo Horizonte. Anais, Belo Horizonte, 1985, p. 823-4.

Os três monges

41 DURAN, Nelson et al. Caracterização e estudos preliminares da atividade imunizante do novo composto fungal SB-73, V Reunião de Trabalho do Grupo de Química Biorgânica Brasil-Chile, Florianópolis, SC, p. 71-4, 1986. DURAN, Nelson et al. Biological activity and cytotoxicity of a new metalolipoprotein (SB-73), XVI Reunião Anual da Sociedade Brasileira de Bioquímica, Caxambu, MG, Arquivos de Biologia e Tecnologia. 30, 71, 1987. DURAN, Nelson et al. SB-73: Um composto imunomodulador, sua síntese, caracterização e atividades biológicas, 13ª Reunião Anual da Sociedade Brasileira de Química, Caxambu, MG, abstr. QB-02, 1990.

42 Os dados obtidos sugeriam que a fórmula química do SB-73 deveria ser $(C_{18}H_{35}Mg_2NO_{21}P_5)_X$ $(C_{326}H_{614}O_{163}N_{204}S_2)_Y$, a primeira parte correspondendo ao agrupamento de fosfato, amônio e magnésio e ácido linoleico, o principal componente lipídico, e a segunda à porção proteica. DURAN, Nelson e NUNES, Odilon da S. Characterization of an aggregated polymer from *Penicillium* sp. (PB-7 Strain). Brazilian Journal of Medical and Biological Research, v. 23, n. 12, p . 1289-302, 1990.

43 Imagens como a dos monges podem representar os arquétipos examinados pelo psicoterapeuta suíço Carl Jung e explicar como o inconsciente se utiliza de sonhos para comunicar mensagens para o consciente. Um episódio clássico foi o sonho do químico alemão Friedrich Kekulé com uma cobra mordendo o rabo que o inspirou a propor uma estrutura fechada para a molécula do benzeno, que ele e outros químicos tentavam desvendar.

Um notável antiviral

44 DURAN, Nelson *et al.* Caracterização e estudos preliminares da atividade imunizante do novo composto fungal SB-73, V Reunião de Trabalho do Grupo de Química Biorgânica Brasil-Chile, Florianópolis, p. 71-4, 1986.

45 Documentos gentilmente cedidos por Nelson Duran.

As faces do medo

46 Um episódio equivalente no Brasil foi a morte do galã de novelas Lauro Corona, aos 32 anos, também de Aids, em 1989. HARDEN, Victoria A. Aids at 30 – A history. Potomac Books, 2012, p. 104-7.

47 MARQUES, Maria C. Saúde e poder: A emergência política da Aids/HIV no Brasil. História, Ciências, Saúde – Manguinhos, v. 9 (suplemento), p. 41-65, 2002. SONTAG, Susan. A Aids e suas metáforas. In: Doença como metáfora, Aids e suas metáforas. São Paulo: Companhia das Letras, 2007, p. 77-151.

48 SANTOS, Naila J.S. *et al.* A Aids no Estado de São Paulo. As mudanças no perfil da epidemia e perspectivas da vigilância epidemiológica. Revista Brasileira de Epidemiologia, v. 5, n. 2, p. 286-310, 2002.

49 GRANGEIRO, Alexandre *et al.* Resposta à Aids no Brasil: Contribuições dos movimentos sociais e da reforma sanitária. Revista Panamericana de Salud Publica, v. 26, n. 1, p. 87-94, 2009.

50 FRANÇA, Marta S.J. Ciência em tempos de Aids: uma análise da resposta pioneira de São Paulo à epidemia. Tese (Doutorado) PUC-SP, 2008, p. 89-140.

51 No início de 1990, o Banco Mundial estimava que 1,2 milhão de pessoas no Brasil estariam infectados pelo HIV em 2000, mas as taxas de mortalidade caíram; em 2012, estimava-se, 600 mil pessoas viviam com HIV/Aids no país. GRANGEIRO, Alexandre *et al.* Op. cit. FIORAVANTI, Carlos. Aids ainda longe do controle. Pesquisa Fapesp, v. 200, out. 2012, p. 62-7.

52 Convívio social sem perigo. O Estado de São Paulo, 17 ago. 1985, p. 11. Não há verba para pesquisa. O Estado de São Paulo, 23 ago. 1985, p. 13. O interferon vai ser aplicado contra Aids. O Estado de São Paulo, 3 out. 1983, p. 14.

53 GOTTLIEB, Michael S. *et al. Pneumocystis carinii* pneumonia and mucosal candidiasis in previously healthy homosexual men – Evidence of a new acquired cellular immunodeficiency. New England Journal of Medicine, v. 305, p. 1425-531, 1981. MASUR, Henry *et al*. An outbreak of community-acquired *Pneumocystis carinii* pneumonia – Initial manifestation of cellular immune dysfunction. New England Journal of Medicine, v. 305, p. 1431-8, 1981. SIEGAL, Frederick P. *et al*. Severe acquired immunodeficiency in male homosexuals, manifested by chronic perianal ulcerative herpes simplex lesions. New England Journal of Medicine, v. 305, p. 1439-44, 1981.

54 Corsini morreu em janeiro de 1984, aos 38 anos.

55 CAVALCANTE, Nilton J.F. Imunoterapia com glucana em pacientes portadores de infecção pelo HIV: Avaliação de sobrevida, intercorrências infecciosas e parâmetros imunológicos. Dissertação (Mestrado) Unifesp, 1991.

Provas difíceis

56 Uma campanha de proporções inéditas. O Estado de São Paulo, 27 abr. 1975, p. 36. DIAS, Lia R. E não é o único problema. O Estado de São Paulo, 27 abr. 1975, p. 36. Antipólio mobiliza São Paulo e o país. O Estado de São Paulo, 14 ago. 1983, p. 24. Estado nega o surto de sarampo, mas admite 814 casos este ano. O Estado de São Paulo, 20 jul. 1984, p. 10.

57 MITSUYA, Hiroaki *et al*. 3'-azido-3'-deoxythymidine (BW A509U): An antiviral agent that inhibits the infectivity and cytopathic effect of human T-lymphotropic virus type III/lymphadenopathy-associated virus *in vitro*. PNAS, v. 82, n. 20, p. 7096-100, 1985. FISCHL, Margaret A. *et al*. The efficacy of azidothymidine (AZT) and the treatment of

patients with Aids and Aids-related complex. New England Journal of Medicine, v. 317, p. 185-91, 1987.

58 Remédios de Aids terão teste. O Estado de São Paulo, 6 jul. 1988, p. 12. Brasil vai testar droga israelense contra Aids. O Estado de São Paulo, 23 ago. 1988, p. 14.

59 SREDNI, Benjamin *et al*. A new immunomodulating compound (AS-101) with potential therapeutic application. Nature, v. 330, n. 6144, p. 173-6, 1987.

60 O primeiro teste foi feito em 9 de outubro de 1991 por Alfred Prince e Donna Pascual, a pedido de Luiz Vargas, pesquisador do Long Island Jewish Medical Center e amigo de Nelson Duran, no New York Blood Center (NYBC). O segundo teste foi feito no Instituto Nacional do Câncer (NCI), por encaminhamento do médico brasileiro Gilberto Schwartsmann, então na European Organisation for Research and Treatment of Cancer, em Bruxelas, Bélgica, que Nelson Duran e Alba Brito haviam procurado. Em 24 de fevereiro de 1992, Iseu Nunes recebeu um fac-símile com os resultados de dois testes realizados no NCI que também indicavam, por meio de técnicas diferentes, que o composto era inativo contra o vírus HIV quando aplicado *in vitro*, diretamente sobre células infectadas.

61 GRANGEIRO, Alexandre *et al*. Sustentabilidade da política de acesso a medicamentos anti-retrovirais no Brasil. Revista de Saúde Pública, v. 40 (suplemento), p. 60-9, 2006. NUNN, Amy S. *et al*. Evolution of antiretroviral drug costs in Brazil in the context of free and universal access to Aids treatment. PLoS Medicine, v. 4, n. 11, p. e305, 2007.

62 FÁVARO, W. J. *et al*. Op. cit.

63 BECCARI, Alfio e FIORAVANTI, Carlos. Aids – Sob controle. Globo Ciência, v. 12, jul. 1992, p. 34-41.

64 NUNES, Odilon da S. *et al*. SB-73, a new immunomodulating compound in the treatment of Aids patients. 7th International Aids Conference, Florence, Italy, 1991, v. 7, p. 265.

65 Cinco instituições haviam se interessado em participar dos testes clínicos do SB-73: Centro Corsini; Instituto de Infectologia Emílio Ribas, de São Paulo; Hospital Amaral de Carvalho, de Jaú, SP; Hospital Universitário Clementino Fraga Filho, da UFRJ; Centro de Treinamento e Referência em Doenças Infecciosas e Parasitárias de Belo Horizonte, Minas Gerais. O Emílio Ribas anunciou, em 1991, que testaria o SB-73. CEDECAB. Plano geral dos testes clínicos de avaliação dos efeitos do medicamento SB-73 no tratamento da síndrome da imunodeficiência adquirida (Aids). 26 p., s/d. WEBSTER, Rosa. Emílio Ribas testará um medicamento brasileiro em portadores do vírus. Gazeta Mercantil, 12 dez. 1991.
66 WEBSTER, R. Remédio brasileiro contra Aids deve entrar na fase III de testes clínicos. Gazeta Mercantil, 17 mar. 1992.
67 Silvia Bellucci morreu de câncer aos 63 anos em dezembro de 2012.

Três dias e três noites em Campinas

68 Os 120 animais foram divididos em 12 grupos de dez; seis grupos não receberam nada além de água e ração, para serem usados como parâmetros de comparação; durante 90 dias, além da alimentação básica, dois grupos receberam diariamente a dosagem terapêutica de SB-73, enquanto outros dois receberam uma dosagem 10 vezes maior e outros dois, uma dosagem 100 vezes maior.
69 Integravam a equipe de Alba Brito: Mirtes Costa, mais tarde professora da Unesp em Botucatu; e Márcia Aparecida Antônio, depois pesquisadora na Unicamp. A bioterista que cuidou dos quase 200 ratos era Suzana da Cunha, que também se mudou para a Unicamp.
70 Depoimento de John Smith, da Pfizer, uma das empresas mobilizadas para produzir penicilina no Estados Unidos, em 1942. Scaling-up Penicillin Production. Disponível em: http://acswebcontent.acs.org/landmarks/landmarks/penicillin/scaleup.html. Acesso em: 30 jan. 2014.

71 A penicilina, produzida inicialmente a partir do *Penicillium notatum*, levantou a possibilidade de outras espécies de fungos poderem produzir compostos relevantes. Em 1943, um ano após Howard Florey e sua equipe anunciarem os resultados dos testes da penicilina em camundongos, Flora Philpot, da mesma unidade da Universidade de Oxford em que Florey trabalhava, apresentou uma substância antibacteriana extraída de *Aspergillus giganteus* e alertou para a possibilidade de essa espécie e outra próxima, *A. flavus*, poderem produzir antibióticos. Nos anos seguintes, revistas científicas como *Nature* e *Science* publicaram vários artigos indicando que *Aspergillus* de várias espécies – *fumigatus, ustus, parasiticus, clavatus, effusus* e *oryzae* – poderiam produzir substâncias antibacterianas, algumas eficazes, *in vitro*, contra *Mycobacterium tuberculosis*, a bactéria causadora da tuberculose, contra a qual a penicilina se mostrara inócua. Em 1969, uma equipe da Universidade de Tóquio e de uma empresa farmacêutica do Japão descreveu a ação de uma substância chamada orizaclorina, produzida pela fermentação de *Aspergillus oryzae*, capaz de deter o vírus causador da doença de Newcastle e o fungo *Candida albicans*. Em 1975, uma empresa dos Estados Unidos solicitou o registro de patente do antibiótico A-30641, reconhecido como muito similar à orizaclorina, mas produzido a partir de outra espécie de *Aspergillus*. Anos depois, uma equipe da Itália verificou que a ação do A-30641 sobre *Candida albicans* era indireta, reforçando a possibilidade apresentada alguns anos antes de substâncias extraídas da fermentação de fungos poderem modular as defesas do organismo, em vez de atuarem diretamente sobre os agentes causadores de doenças. BERG, Derek H. *et al*. A30641, a new epidithiodiketopiperazine with antifungal activity. Journal of Antibiotics, v. 24, n. 4, p. 394-7, 1976. KATO, Akiko *et al*. Oryzachlorin, a new antifungal antibiotic (studies on antiviral and antitumor antibiotics. XVIII). Journal of Antibiotics, v. 22, n. 7, p. 322-6, 1969. MONTIF, Federica *et al*. Aspirochlorine: A highly selective and potent inhibitor of fungal protein synthesis. Journal of Antibiotics, v. 52, n. 3, p. 311-8, 1999.

A prova dos macacos-prego

72 Três macacos receberam uma injeção subcutânea com a dose baixa de SB-73 (5 mg/kg de peso); três receberam dose média (10 mg/kg de peso); quatro, dose alta (30 mg/kg peso); e outros três, solução salina, para servirem de grupo-controle.

73 OLIVEIRA, José A. de *et al*. Effects of immunomodulator SB-73 on the hematologic parameters of the tufted capuchin (*Cebus apella*). A subchronic study. 7[th]International Aids Conference, Florence, Italy, 1991, v. 8, p. 114.

74 GIRARDI, Giovana. Droga para o Terceiro Mundo. Unesp Ciência, n. 2, p. 30-5, 2009.

A fama e suas consequências

75 Um mês depois da reportagem no *Globo*, o *Jornal da Unicamp* oferecia uma visão histórica mais ampla, ao relatar que o SB-73 tinha sido "sintetizado após duas décadas de pesquisas" no Cedecab, em Birigui, e descrever os experimentos feitos até aquele momento. IRIA, Marly. Unicamp produz nova droga antiviral. O Globo, 9 nov. 1990, p. 15.Unicamp testa imunomodulador. Jornal da Unicamp, v. 50, dez. 1990, p. 7.

76 TESSLER, Eduardo. Droga brasileira usa fungo para combater os sintomas da Aids. O Globo, 18 jun. 1991.

77 Segundo a reportagem, a substância havia revertido os sintomas típicos da Aids, "como perda de peso, insônia, diarreias e infecções em geral, sem os efeitos colaterais que outras drogas, como o AZT, usadas com o mesmo fim, provocam nos doentes". E mais adiante: "os efeitos indesejados do AZT, que aos poucos perde sua eficácia, foram até revertidos com o SB-73". O texto era enfático: "Está provado que a droga consegue restituir de forma surpreendente a qualidade de vida aos pacientes, chegando até mesmo a permitir-lhes voltar às rotinas de antes da doença. 'A recuperação é mesmo impressionante', relata a imunologista Silvia Bellucci". RIBEIRO, Euclydes. Uma nova arma contra Aids. Globo Ciência, v. 1, jul. 1991, p. 66-71.

78 BOURDIEU, Pierre. Sobre a televisão. Rio de Janeiro: Jorge Zahar, 1997, p. 108, 135.

79 Como parte de minha pesquisa de doutorado, acompanhei a trajetória de divulgação de 26 moléculas apresentadas ao longo de 15 anos como medicamentos promissores em revistas científicas internacionais e em jornais e revistas do Brasil. As moléculas representavam novas possibilidades de tratamento contra câncer, tuberculose, dor, inflamação, hipertensão, mal de Alzheimer, artrite, epilepsia, micose e úlceras, além de problemas de saúde pública típicos de países tropicais como doença de Chagas e esquistossomose. Os cientistas responsáveis por essas pesquisas afirmaram, por meio da mídia, que essas moléculas seriam avaliadas em seres humanos ou estariam disponíveis como medicamentos em alguns anos. Por várias razões, até dezembro de 2015 nenhuma dessas moléculas havia cumprido as metas prometidas.

80 BECCARI, A. e FIORAVANTI, C. Op. cit.

81 Legislação sobre DST e Aids no Brasil, Informe 58/92.

82 SB-73: *The Brazilian Experiment*, 16 de fevereiro de 1992. A mensagem era uma tradução de Carlos Maldonado de uma notícia assinada por Pedro de Souza e publicada em *Cadernos pela Vidda*, n. 3, dez. 1991.

83 MOURA, Mariluce. Governo paulista aprova verba para os testes clínicos do remédio SB-73. Gazeta Mercantil, 26 fev. 1993.

Um Pasteur em Birigui

84 FRIEDMAN, Meyer e FRIEDLAND, Gerald. As dez maiores descobertas da medicina. São Paulo: Companhia de Bolso, 2006, p. 74.

A guerra

85 CASTRO, Ivan de O. *et al*. Estudo duplo-cego randomizado placebo controlado para avaliação de toxicidade do SB-73 em pacientes com infecção por HIV com CD4 <300 mm^3 e >500 mm^3. Instituto de Infectologia Emílio Ribas – São Paulo – SP, 1995.

86 FIORI, Anamaria. Destino de remédio polêmico está na justiça. O Estado de São Paulo, 9 mai. 1998, p. 16.

Em silêncio

87 JUSTO, Giselle Z. Biodisponibilidade e atividade antineoplásica de um novo modificador da resposta biológica. Tese (Doutorado) Unicamp, 1996. DURAN, Nelson *et al.* SB-73: Immunostimulant agent. Drugs of the Future, v. 18, n. 4, p. 327-34, 1993.

88 DURAN, Nelson *et al.* A revised structure and new activities of the immunomodulator SB-73 obtained from *Aspergillus oryzae*. 10ª reunião anual da Federação da Sociedade de Biologia Experimental, 1995, Serra Negra, SP.

89 JUSTO, Giselle Z. *et al.* Myelopoietic response in tumour-bearing mice by an aggregated polymer isolated from *Aspergillus oryzae*. European Journal of Pharmacology, v. 388, p. 219-26, 2000. JUSTO, Giselle Z. *et al.* Natural killer cell activity, lymphocyte proliferation and cytokine profile in tumor-bearing mice treated with Mapa, a magnesium aggregated polymer from *Aspergillus oryzae*. Immunopharmacology and Immunotoxicology, v. 25, n.3, p. 305-19, 2003. MELO, Adriana de. Modulação de parâmetros imunológicos da resposta não específica pelo composto Mapa. Dissertação (Mestrado) Unicamp, 1999. MELO, Adriana de *et al.* Op. cit.

As filhas

90 Intitulado "Ensaios clínicos do imunomodulador P-Mapa em câncer", o livro era assinado por Imunoterapêutica, a empresa que Iseu tinha criado para concluir o desenvolvimento do P-Mapa, e Farmabrasilis, de vida mais longa.

91 O paciente mais antigo era uma mulher de 48 anos com câncer de útero em estágio inicial (linfoma de Hodgkin tipo escamoso nodular),

que começou a ser tratada em outubro de 1991, fez rádio e quimioterapia, tomou 420 aplicações e cujo tumor desapareceu, de acordo com os exames de raio X de tórax e de ultrassonografia de abdômen, e sem reaparecer após sete anos. O último caso relatado era o de uma mulher de 41 anos, com câncer de colo de útero em estágio I (carcinoma espinocelular infiltrativo), que começou a ser tratada em maio de 1997, recebeu 180 injeções durante um ano e seis meses, fez rádio e braquiterapia e não apresentava metástases até julho de 1998, de acordo com os exames de ultrassonografia e radiografia de tórax. As mulheres eram a maioria dos pacientes (56, e 43 homens).

92 ALCÂNTARA, Eur W. Borini inaugura UBS. Folha da Região, 15 dez. 2009, p. C2.

A arte de juntar cacos

93 SANTIAGO, Maria E.B. *et al*. Improvement in clinical signs and cellular immunity of dogs with visceral leishmaniasis using the immunomodulator P-Mapa. Acta Tropica, v. 127, n. 3, p. 174-80, 2013. TOLEDO, Karina. Fármaco brasileiro melhora imunidade de cães com leishmaniose. Agência Fapesp, 11 jul. 2013. Disponível em: http://agencia.fapesp.br/17538. Acesso em: 27 ago. 2015.

Welcome, P-Mapa

94 DURAN, Nelson *et al*. A biotechnological product and its potential as a new immunomodulator for treatment of animal phlebovirus infection: Punta Toro virus. Antiviral Research, v. 83, n. 2, p. 143-7, 2009.

Os labirintos da tuberculose

95 IWASSO, Simone. País desenvolve novo fármaco contra tuberculose. O Estado de São Paulo, 24 mar. 2009, p. 15.

Oito coelhas em uma escola de crianças

96 Wagner Fávaro disse que gastou R$ 3.160,00 nos dois reagentes para detecção dos *toll* 2 e 4 e R$ 1.500,00 em 20 ratas da linhagem Fisher 344, a mais adequada para o experimento.

O que fazer com tanta ciência?

97 GONÇALVES, Mariana T. Ação do imunomodulador P-Mapa sobre o sistema complemento e receptores do tipo Toll em modelo de inflamação induzida por lipopolissacarídeo. Dissertação (Mestrado) USP -Butantan, 2014.

98 Em 2009, dois experimentos realizados nos Estados Unidos indicaram o papel surpreendente do bicarbonato de sódio no combate ao câncer, por desfazer o ambiente favorável ao crescimento das células tumorais (ver nota 19). PARKS, S.K. *et al*. pH control mechanisms of tumor survival and growth. Journal of Cellular Physiology, v. 226, n. 2, p. 299-308, 2011. ROBEY, Ian F. *et al*. Op. cit. SILVA, Ariosto S. The potential role of systemic buffers in reducing intratumoral extracellular pH and acid-mediated invasion. Cancer Research, v. 69, p. 2677-84, 2009.

Bibliografia

ALCÂNTARA, Eur W. Borini inaugura UBS. *Folha da Região*, 15 dez. 2009, p. C2.

Antipólio mobiliza são Paulo e o país. *O Estado de São Paulo*, 14 ago. 1983, p. 24.

Anunciada descoberta de novo tipo de antibiótico. *O Estado de São Paulo*, 3 dez. 1980, p. 14.

ARDIGÓ, Fabiano. *Histórias de uma ciência regional – Cientistas e suas instituições no Paraná (1940-1960)*. São Paulo: Contexto, 2011.

BACILA, Metry. A trajetória de "Arquivos de Biologia e Tecnologia", publicação que marcou época na história da ciência brasileira. *Brazilian Archives of Biology and Technology*, Jubilee Volume (1946-2001), p. 1-11, 2001.

BECCARI, Alfio e FIORAVANTI, Carlos. Aids – Sob controle. *Globo Ciência*, v. 12, jul. 1992 p. 34-41.

BEEVOR, Antony. *Dia D – A batalha pela Normandia*. São Paulo: Record, 2009.

BERG, Derek H. *et al*. A30641, a new epidithiodiketopiperazine with antifungal activity. *Journal of Antibiotics*, v. 24, n. 4, p. 394-7, 1976.

BOURDIEU, Pierre. *Sobre a televisão*. Rio de Janeiro: Jorge Zahar, 1997.

BRANCH, Arnold. Factors in carcinogenesis. *The Canadian Medical Association Journal*, v. 41, n. 6, p. 589-90, 1939.

Brasil vai testar droga israelense contra Aids. *O Estado de São Paulo*, 23 ago. 1988, p. 14.

CASTRO, Ivan de O. *et al*. Estudo duplo-cego randomizado placebo controlado para avaliação de toxicidade do SB-73 em pacientes com infecção por HIV com CD4 <300 mm^3 e >500 mm^3. Instituto de Infectologia Emílio Ribas – São Paulo – SP, 1995.

CAVALCANTE, Nilton J.F. Imunoterapia com glucana em pacientes portadores de infecção pelo HIV: Avaliação de sobrevida, intercorrências infecciosas e parâmetros imunológicos. Dissertação (Mestrado) Unifesp, 1991.

CEDECAB. Plano geral dos testes clínicos de avaliação dos efeitos do medicamento SB-73 no tratamento da síndrome da imunodeficiência adquirida (Aids). 26 p., s/d.

CINTRA, Erica P. de U. *'Sciencia et Labor'* no Palácio de Luz: a institucionalização da ciência médica e a Faculdade de Medicina do Paraná (1912-1946). Tese (Doutorado) UFPR, 2010.

Convívio social sem perigo. *O Estado de São Paulo*, 17 ago. 1985, p.11.

COSTA, Iseu A. e LIMA, Eduardo C. *O ensino de medicina na Universidade Federal do Paraná*, Curitiba: UFPR, 2007.

CUNHA, Nair M. da. *A chave de Birigüy – Nicolau da Silva Nunes, saga de um pioneiro*. Birigui, 1997.

CUZICK, Jack et al. Electropotential measurements as a new diagnostic modality for breast cancer. *The Lancet*, v. 352, n. 9125, p. 359-363, 1998.

DAWSEY Jr., Cyrus B. *Não posso deixar de falar*. Birigui, 1999.

DIAS, Lia R. E não é o único problema. *O Estado de São Paulo*, 27 abr. 1975, p.36.

DURAN, Nelson e NUNES, Odilon da S. Characterization of an aggregated polymer from *Penicillium* sp. (PB-7 strain). *Brazilian Journal of Medical and Biological Research*, v. 23, n. 12, p. 1289-1302, 1990.

DURAN, Nelson et al. A biotechnological product and its potential as a new immunomodulator for treatment of animal phlebovirus infection: Punta Toro virus. *Antiviral Research*, v. 83, n. 2, p. 143-7, 2009.

DURAN, Nelson et al. A revised structure and new activities of the immunomodulator SB-73 obtained from *Aspergillus oryzae*. 10ª reunião anual da Federação da Sociedade de Biologia Experimental, 1995, Serra Negra, SP.

DURAN, Nelson et al. Biological activity and cytotoxicity of a new metalolipoprotein (SB-73), XVI Reunião Anual da Sociedade Brasileira de Bioquímica, Caxambu, MG, *Arquivos de Biologia e Tecnologia*, v. 30, n. 71, 1987.

DURAN, Nelson et al. Caracterização e estudos preliminares da atividade imunizante do novo composto fungal SB-73, V Reunião de Trabalho do Grupo de Química Biorgânica Brasil-Chile, Florianópolis, SC, p. 71-74, 1986.

DURAN, Nelson et al. SB-73: Immunostimulant agent. *Drugs of the Future*, v. 18, n. 4, p. 327-34, 1993.

DURAN, Nelson et al. SB-73: Um composto imunomodulador, sua síntese, caracterização e atividades biológicas, 13ª Reunião Anual da Sociedade Brasileira de Química, Caxambu, MG, abstr. QB-02, 1990.

DURAN, Nelson, CIAMPI, Denise B. e NUNES, Odilon da S. Caracterização e estudos preliminares da atividade imunizante do novo composto fungal SB-73, V Reunião de Trabalho do Grupo de Química Biorgânica Brasil-Chile, Florianópolis, p. 71-4, 1986.

Estado nega o surto de sarampo, mas admite 814 casos este ano. *O Estado de São Paulo*, 20 jul. 1984, p.10.

FÁVARO, Wagner J. et al. Effects of P-Mapa immunomodulator on toll-like receptors and p53: Potential therapeutic strategies for infectious diseases and cancer. *Infectious Agent and Cancer*, v. 7, n. 1, p. 14, 2012.

FIORAVANTI, Carlos. Aids ainda longe do controle. *Pesquisa Fapesp*, v. 200, out. 2012, p. 62-67.

FIORI, Anamaria. Destino de remédio polêmico está na justiça. *O Estado de São Paulo*, 9 mai. 1998, p. 16.

FISCHL, Margaret A. et al. The efficacy of azidothymidine (AZT) and the treatment of patients with Aids and Aids-related complex. *New England Journal of Medicine*, v. 317, p. 185-91, 1987.

FRANÇA, Martha S.J. Ciência em tempos de Aids: Uma análise da resposta pioneira de São Paulo à epidemia. Tese (Doutorado) PUC-SP, 2008.

FRIEDMAN, Meyer e FRIEDLAND, Gerald W. *As dez maiores descobertas da medicina*. São Paulo: Companhia de Bolso, 2006.

GIRARDI, Giovana. Droga para o terceiro mundo. *Unesp Ciência*, n. 2, p. 30-35, 2009.

GONÇALVES, Mariana T. Ação do imunomodulador P-Mapa sobre o sistema complemento e receptores do tipo Toll em modelo de inflamação induzida por lipopolissacarídeo. Dissertação (Mestrado) USP-Butantan, 2014.

GOTTLIEB, Michael S. *et al*. *Pneumocystis carinii* pneumonia and mucosal candidiasis in previously healthy homosexual men – Evidence of a new acquired cellular immunodeficiency. *New England Journal of Medicine*, v. 305, p. 1425-531, 1981.

GRANGEIRO, Alexandre *et al*. Resposta à Aids no Brasil: Contribuições dos movimentos sociais e da reforma sanitária. *Revista Panamericana de Salud Publica*, v. 26, n. 1, p. 87-94, 2009.

GRANGEIRO, Alexandre *et al*. Sustentabilidade da política de acesso a medicamentos anti-retrovirais no Brasil. *Revista de Saúde Pública*, v. 40 (suplemento), p. 60-9, 2006.

HANAHAN, Douglas e WEINBERG, Robert A. The hallmarks of cancer cell. *Cell*, v. 100, 57-70, 2000.

HARDEN, Victoria A. *Aids at 30 – A history*. Dulles: Potomac Books, 2012.

HARGREAVES, Dagoberto. SB-73, a esperança dos aidéticos. *Diário de Birigui*, 25 jun. 1991, p. 1.

HARGREAVES, Dagoberto. Médico biriguiense descobre antibiótico contra câncer. *Diário de Birigui*, 25 jul. 1979, p. 3.

IMUNOTERAPÊUTICA e FARMABRASILIS. Ensaios clínicos do imunomodulador P-Mapa em câncer. Campinas, 2002.

IRIA, Marly. Unicamp produz nova droga antiviral. *O Globo*, 9 nov. 1990, p. 15.

IWASSO, Simone. País desenvolve novo fármaco contra tuberculose. *O Estado de São Paulo*, 24 mar. 2009, p. 15.

JAFFE, Lionel F. e NUCCITELLI, Richard. Electrical controls of development. *Annual Review of Biophysics and Bioengineering*, v. 6, p. 445-76, 1977.

JUSTO, Giselle Z. et al. Myelopoietic response in tumour-bearing mice by an aggregated polymer isolated from *Aspergillus oryzae*. *European Journal of Pharmacology*, v. 388, p. 219-26, 2000.

JUSTO, Giselle Z. et al. Natural killer cell activity, lymphocyte proliferation and cytokine profile in tumor-bearing mice treated with Mapa, a magnesium aggregated polymer from *Aspergillus oryzae*. *Immunopharmacology and Immunotoxicology*, v. 25, n. 3, p. 305-19, 2003.

JUSTO, Giselle Z. Biodisponibilidade e atividade antineoplásica de um novo modificador da resposta biológica. Tese (Doutorado) Unicamp, 1996.

KATO, Akiko et al. Oryzachlorin, a new antifungal antibiotic (studies on antiviral and antitumor antibiotics. XVIII). *Journal of Antibiotics*, v. 22, n. 7, p. 322-6, 1969.

LOEB, Lawrence A. e HARRIS, Curtis C. Advances in chemical carcinogenesis: A historical review and prospective. *Cancer Research*, v. 68, n. 17, p. 6863-72, 2008.

MANCHESTER, Keith L. Theodor Boveri and the origin of malignant tumours. *Trends in Cell Biology*, v. 5, n. 10, p. 384-7, 1995.

MANCHESTER, Keith. The quest by three giants of science for an understanding of cancer. *Endeavour*, v. 21, n. 2, p. 72-6, 1997.

MARQUES, Maria C. Saúde e poder: A emergência política da Aids/HIV no Brasil. *História, Ciências, Saúde – Manguinhos*, v. 9 (suplemento), p. 41-65, 2002.

MASUR, Henry et al. An outbreak of community-acquired *Pneumocystis carinii* pneumonia – Initial manifestation of cellular immune dysfunction. *New England Journal of Medicine*, v. 305, p. 1431-8, 1981.

McCAIG, Colin et al. Electrical dimensions in cell science. *Journal of Cell Science*, v. 122, p. 4267-76, 2009.

MELO, Adriana de *et al.* Stimulation of myelopoiesis in *Listeria monocytogenes*-infected mice by an aggregated polymer isolated from *Aspergillus oryzae*. *Human and Experimental Toxicology*, v. 20, n. 1, p. 38-45, 2001.

MELO, Adriana de. Modulação de parâmetros imunológicos da resposta não específica pelo composto Mapa. Dissertação (Mestrado) Unicamp, 1999.

MENDES, Antonio C. Em Birigui, 'doença está controlada'. *O Estado de São Paulo*, 23 out. 1980, p. 24.

MITSUYA, Hiroaki *et al.* 3'-azido-3'-deoxythymidine (BW A509U): an antiviral agent that inhibits the infectivity and cytopathic effect of human T-lymphotropic virus type III/lymphadenopathy-associated virus *in vitro*. *PNAS*, v. 82, n. 20, p. 7096-100, 1985.

MONTIF, Federica *et al.* Aspirochlorine: A highly selective and potent inhibitor of fungal protein synthesis. *Journal of Antibiotics*, v. 52, n.3, p. 311-8, 1999.

MOURA, Mariluce. Governo paulista aprova verba para os testes clínicos do remédio SB-73. *Gazeta Mercantil*, 26 fev. 1993.

MUKHERJEE, Siddartha. *Imperador de todos os males – Uma biografia do câncer*. São Paulo: Companhia das Letras, 2012.

Não há verba para pesquisa. *O Estado de São Paulo*, 23 ago. 1985, p. 13.

NICKELSEN, Karin. The construction of a scientific model: Otto Warburg and the building block strategy. *Studies in History and Philosophy of Biological and Biomedical Sciences*, v. 40, p. 73-86, 2009.

NUNES, Odilon da S. *et al.* SB-73, a new immunomodulating compound in the treatment of Aids patients. 7th International Aids Conference, Florence, Italy, 1991, v. 7, p. 265.

NUNES, Odilon da S. Desenvolvimento de um novo antibiótico. In: Reunião Anual da Sociedade Brasileira para o Progresso da Ciência, 37, 1985, Belo Horizonte. Anais, Belo Horizonte, 1985, p. 823-4.

NUNES, Odilon da S. Ensaios teóricos sobre a patogenia das neoplasias – Desequilíbrio eletro-químico micelar, na inter-relação nucleoplásmica. Curitiba, 1948.

NUNN, Amy S. *et al*. Evolution of antiretroviral drug costs in Brazil in the context of free and universal access to Aids treatment. *PLoS Medicine*, v. 4, n. 11, p. e305, 2007.

O interferon vai ser aplicado contra Aids. *O Estado de São Paulo*, 3 out. 1983, p. 14.

O'REGAN, Sean *et al*. Electrolyte and acid-base disturbances in the management of leukemia. *Blood*, v. 49, p. 345-53, 1977.

OLIVEIRA, José A. de *et al*. Effects of immunomodulator SB-73 on the hematologic parameters of the tufted capuchin (*Cebus apella*). A subchronic study. 7th International Aids Conference, Florence, Italy, 1991, v. 8, p. 114.

PARKS, Scott *et al*. pH control mechanisms of tumor survival and growth. *Journal of Cellular Physiology*, v. 226, n. 2, p. 299-308, 2011.

RAMOS, Dorival S. e MARTINS, Orentino. *A cidade-pérola em capítulos: História de Birigüi, 1911-1961*. Birigui, 1961.

Remédios de Aids terão teste. *O Estado de São Paulo*, 6 jul. 1988, p. 12.

RIBEIRO, Euclydes. Uma nova arma contra Aids. *Globo Ciência*, v. 1, jul. 1991, p. 66-71.

ROBEY, Ian F. *et al*. Bicarbonate increases tumor pH and inhibits spontaneous metastases. *Cancer Research*, v. 69, n. 6, p. 2260-8, 2009.

RUSH, Harold P. Carcinogenesis: A facet of living processes. *Cancer Research*, v. 14, n. 6, p. 407-17, 1954.

SANTIAGO, Maria E.B. *et al*. Improvement in clinical signs and cellular immunity of dogs with visceral leishmaniasis using the immunomodulator P-Mapa. *Acta Tropica*, v. 127, n. 3, p. 174-80, 2013.

SANTOS, Naila J.S. *et al*. A Aids no Estado de São Paulo. As mudanças no perfil da epidemia e perspectivas da vigilância epidemiológica. *Revista Brasileira de Epidemiologia*, v. 5, n. 2, p. 286-310, 2002.

Scaling-up penicillin production. Disponível em: http://acswebcontent. acs.org/landmarks/landmarks/penicillin/scaleup.html. Acesso em: 30 jan. 2014.

SCHWARTZ, Widson. Pérolas – claras e obscuras – da história de Londrina. In: BONI, Paulo C. (org.). *Certidões de nascimento da história: o surgimento de municípios no eixo Londrina – Maringá*. Londrina: Planográfica, 2009.

SIEGAL, Frederick P. *et al*. Severe acquired immunodeficiency in male homosexuals, manifested by chronic perianal ulcerative herpes simplex lesions. *New England Journal of Medicine*, v. 305, p. 1439-1444, 1981.

SILVA, Ariosto S. The potential role of systemic buffers in reducing intratumoral extracellular pH and acid-mediated invasion. *Cancer Research*, v. 69, n. 6, p. 2677-84, 2009.

Sócios admitidos depois de 8 de novembro de 1948. *Ciência e Cultura*, v. 1, n.3, 1949, p.162.

SONTAG, Susan. A Aids e suas metáforas. In: *Doença como metáfora, Aids e suas metáforas*. São Paulo: Companhia das Letras, 2007.

SREDNI, Benjamin *et al*. A new immunomodulating compound (AS-101) with potential therapeutic application. *Nature*, v. 330, n. 6144, p. 173-6, 1987.

SUBBHURAAM, Vinitha S. *et al*. The use of skin surface electropotentials for breast cancer detection – Preliminary clinical trial results obtained using the biofield diagnostic system. *Journal of Medical Systems*, v. 35, p. 79-86, 2011.

Tesouro da Juventude. São Paulo: W.M. Jackson, 1958.

TESSLER, Eduardo. Droga brasileira usa fungo para combater os sintomas da Aids. *O Globo*, 18 jun. 1991.

TOLEDO, Karina. Fármaco brasileiro melhora imunidade de cães com leishmaniose. *Agência Fapesp*, 11 jul. 2013. Disponível em: http://agencia.fapesp.br/17538. Acesso em: 27 ago. 2015.

TRAMUJAS, Armando de C. Aspectos estatísticos da mortalidade por câncer em Curitiba. *Revista Brasileira de Cancerologia*, v. 2, n. 3, p. 69-77, 1948.

Uma campanha de proporções inéditas. *O Estado de São Paulo*, 27 abr. 1975, p.36.

Unicamp testa imunomodulador. *Jornal da Unicamp*, v. 50, dez. 1990, p. 7.

WARBURG, Otto. On the origin of cancer cells. *Science*, v. 123, n. 3191, p. 309-14, 1956.

WARREN, Shields. Carcinogenesis by radiation. *Cancer Research*, v. 17, n. 1, p. 1, 1957.

WARREN, Shields. Radiation carcinogenesis. *Bulletin of the New York Academy of Medicine*, v. 46, n. 3, p. 131-147, 1970.

WEBSTER, Rosa. Emílio Ribas testará um medicamento brasileiro em portadores do vírus. *Gazeta Mercantil*, 12 dez. 1991.

WEBSTER, Rosa. Remédio brasileiro contra Aids deve entrar na fase III de testes clínicos. *Gazeta Mercantil*, 17 mar. 1992.

YAMAGIWA, Katsusaburo e ICHIKAWA, Koichi. Experimental study of the pathogenesis of carcinoma. *Cancer Research*, v. 3, n. 1, p. 1-21, 1918.

Este livro foi impresso no Brasil
em tipologia Janson e Din condensado
para Editora Manole
pela Gráfica Edelbra
em papel Pólen 80g e capa 250g
em março de 2016.